U0923073

做最棒的老师

课堂成功的秘密

[美]苏西·乌尔夫(Susie Wolbe) 著
刘芸 译

The Empowered Teacher

Proven Tips for Classroom Success

西南师范大学出版社
国家一级出版社 全国百佳图书出版单位

图书在版编目（CIP）数据

做最棒的老师：课堂成功的秘密 /（美）苏西·乌尔夫 (Susie Wolbe) 著；刘芸译 . — 重庆：西南师范大学出版社，2018.8

（名师工程 . 新教育力译丛）

ISBN 978-7-5621-9364-7

Ⅰ . ①做… Ⅱ . ①苏… ②刘… Ⅲ . ①课堂教学 – 教学研究 – 中小学 Ⅳ . ① G632.421

中国版本图书馆 CIP 数据核字 (2018) 第 171456 号

做最棒的老师：课堂成功的秘密

著　　者：[美] 苏西·乌尔夫（Susie Wolbe）
译　　者：刘　芸
责任编辑：杨光明
责任校对：胡君梅
书籍设计：尹　恒
排　　版：重庆大雅数码印刷有限公司·夏　洁
出版发行：西南师范大学出版社　地址：重庆市北碚区天生路 1 号
邮编：400715　市场营销部电话：023-68868624
经　　销：新华书店
印　　刷：重庆荟文印务有限公司
幅面尺寸：170mm × 230mm　**印　　张：**8　**字　　数：**73 千字
版　　次：2019 年 3 月第 1 版　**印　　次：**2019 年 3 月第 1 次印刷
著作权合同登记号：版贸核渝字（2017）第 085 号
书　　号：ISBN 978-7-5621-9364-7
定　　价：35.00 元

前言

在学中教，在教中学。

——菲尔·柯林斯(Phil Collins)

成为老师是我一直以来的梦想。我的整个中学时代在教室度过，而后进入大学，大多数时候还是待在教室，但不得不承认，当我作为老师第一次踏进教室时，还是感到局促不安。是的，在大学我学的就是教育，也通过模拟课堂了解了一些关于课堂纪律、成绩单，甚至如何与家长相处等方面的内容。但是真正走进教室成为一名老师则完全是另外一回事儿。

大学毕业之后，我很高兴在一所公立学校谋得一份当老师的差事，但很显然书本上教的与实际工作本身还是有很大差别。那时我任教的是一年级，但我的教室却和五、六年级的班在一层楼，而这个问题当时完全没有引起我的注意；

那个时候，成为老师这件事情本身已经足以让我不知所措了。更糟的是，两个月之后，学校领导才意识到他们忘记给我提供课外阅读材料，所以其实我手上有的关于科学或社会学的教学资料是完全不够的，而在他们意识到这点之前，我自己丝毫没有察觉有什么问题！相反，我每天自顾自地忙着找教学资料，忙着备课，然后忙着给学生们上课。事后一个同事过来告诉我，如果我有什么问题是可以直接问他的，但我想说："有问题我当然会问，但也要我知道那是问题呀！"

很多年过去了，我慢慢意识到，对学生学习产生深远影响的其实跟完成规定的教学任务关系不大，反而以下一些因素好像更为重要。

· 良好的师生关系对于一个孩子的学习，甚至生活具有很大的影响。

· 家长对学校以及老师的信任至关重要。

· 对于任何年龄段的孩子，我们都应该教会他们一些关于如何与人相处、如何处理个人情绪的方法，这样在遇到问题时他们才知道如何正确应对，如何体谅他人，如何自我调节。

· 班级需要建立并公示必要的规章制度，这样可以帮助老师从日常的琐碎事务中解放出来。

这几点是我个人教训的总结，也是我边工作边学习到的经验，我认为每个老师多少都应该了解这些方面的内容。虽然每所学校都有自己特定的课程规划，但是只有真正领悟教学真谛的老师和学校才是把握了精髓，才能真正理解他们的学生；这样的教育者才能喜见学生的成功，享受教育的每一刻时光！

我从我的同事、我的学生以及学生家长那里学到很多，而现在我也很乐意与你们分享我的所学。在你阅读这本书的时候，请带上一个笔记本。记下那些你希望直接尝试使用的方法，对于那些可能不适用于你的情况的方法或许可以让它成为某种灵感源泉，激发出你的个人创新。请记住：如果你发现一些困难或者枯燥无味的地方，那可能正是挑战所在，需要你去找到更简单易行的方法。

目　录

第一章　学生策略:良好的关系与交流

每个人都是天才。但如果你非让一条鱼去学爬树,那条鱼一定永远以为自己是条蠢鱼。

——阿尔伯特·爱因斯坦(Albert Einstein)

1974 年的春天,我大学毕业,那时我 22 岁,打算秋天到一所学校教书。我幻想着自己将如何积极地影响我的学生和他们的家人,简直迫不及待地想要马上投入工作。当然,那只是我对于教书这份工作的梦想。潜意识中只有一件小事让我有些许焦虑。那事发生在我大学实习期间，之后始终萦绕于心，挥之不去。

在大学，我的教学实践分为两个部分：在幼儿园的教学实践以及在小学三年级的教学实践。在幼儿园的实习和我预想的一样：我和学生的关系很亲，教学任务也完成得非常顺利，我感觉自己真的很适合做老师。然而在小学三年级的实习却遇上了困难，准确地说是一败涂地。好像自己没有一件事情做对了，做好了。坦白说，三年级的孩子中有的个头比我还大，他们总能把我吓到，而我仿佛根本就教不了他们什么。我记得有一堂课上得特别艰难，当他们“真正”的老师巡视教室的时候，我偷偷走了出去，走到一个角落默默掉眼泪。我觉得自己完全没有能力教好这个年龄的孩子。

在那一学期结束后，我总结经验认为自己的教学能力没有问题，学生年龄才是决定我教学成败的关键。于是我在心里想——我可以教幼儿园、一年级或者二年级的学生，但是不要教三年级或者更高年级的学生。

你们能想象吗？当学校安排我教一年级的学生时，我感觉是怎样的一种安慰。感谢上天！于是，我很愉快地成了一名一年级的老师，然后有了自己的家庭，成为3个孩子的妈妈后便离开了学校。

很快 12 年一晃而过。我的孩子们分别进入三年级、五年级和七年级，然后我决定重新回到学校当老师。我开始应聘并且很快就幸运地找到一份工作，学校让我选择教幼儿园或者四年级。大大出乎意料的是：那个时候我竟然非常想要尝试教四年级的学生！

为什么会有这样的改变呢？其实没有什么特别的原因，只是在过去的 12 年里我陪伴自己的孩子们成长，也认识了很多和他们同龄的孩子。你可以想象这些孩子们都有不同的个性：有的傻乎乎的，有的总是很严肃，有的喜欢搞笑，有的喜欢挖苦人，有的害羞，有的人小鬼大，有的则真真正正一派天真烂漫，不同的个性数不胜数。我还发现有的孩子接受新事物很快，有的却要花很长时间才能真正理解掌握。在我自己的几个孩子中，有的很擅长获取信息，而有的则擅长分析问题的不同。

我明白了对于这些都无需感到害怕，反而应该因为存在这样的不同而感觉有趣。是的，他们年龄比我小很多，但是——正如我在日常生活中遇见的其他人一样——我也可以同孩子们一起欢笑，相互交流沟通，和他们谈心。事实上，我们应该为有机会和大家一起学习而感到高兴，向彼此学习，孩子们向我学习，我也向他们学习。还有什么比这个更有趣呢？

最重要的是要建立一种彼此信任的关系，这种关系对于人与人的联系交流有着巨大的影响。老师和学生不是相互对立的关系：老师扮演强势的一方，凭个人主观印象给学生打分，只要被老师认定为有问题的学生就会麻烦不断，而且这个老师还会选择性地对其他老师（或者学生家长）介绍这个学生的情况。这样的事我见过很多，在这样的班级里，学生会因为对老师缺乏信任而表现平平。孩子们感觉不到安全，总是不停地担心接下来会发生什么，所以他们不能放松地去享受学习，从而很难在学习上取得成效。

当老师和学生关系融洽时，奇妙的学习效果就显现出来了。有一次，一个四年级的学生给我提意见，说我在做决定的时候会因为学生的性别差异而区别对待。为了应对这样的批评，我让这个提出意见的孩子选择其他某个学生来做“判官”，让“判官”同时聆听他和我的“陈述”，然后由这个中立的学生给出客观的裁决。（很高兴最后的裁决判定我无罪。）这其实就是一个很好的例子，学生们在学校除了学习学科知识以外，还需要积累真实的生活经历。那个有焦虑的学生可以放心地说出自己的感受和想法；那个参与裁判的学生感觉被信任，实现了他的个人价值；而我也感觉自在，并且很乐意举出其他一些事例来证明自己是清白的；事件相关的所有人都在轻松的氛围中获得成长。而这些就是对于“年纪大一些”的孩子的教育方法，也正是过去我感到害怕的！人们只有在相信别人能公平对待自己的时候才能真正有所作为，无论是老师还是学生。每个人只有在放下自我防备的时候才能冲向一个新的高度。而在那样的时候，无论是老师还是学生才都有可能发挥自己的无限潜力。

让学生和老师相互了解

每一年都有新的学生来到你的班级，而每个班都有各自不同的情况。每个班里有搞笑的学生、安静的学生、好表现的学生、学习困难的学生，或者有着其他任何一种你可以想象到的个性的学生。但总有一项工作是你必须做的：那就是你需要帮助每个学生学会承担责任，学会对自己负责。为了成功完成这项任务，首先你需要和每个孩子建立起良好的关系。只有这样，你的目标才有可能达成。

所以现在我们就来讨论一下：如何与学生建立起良好的关系？

我喜欢从一些破冰游戏开始。对于学生来说，玩游戏有趣又没有压力，而且还能帮助我达成想要的结果。对于年纪小一些的孩子们，可以玩一些帮助认识名字的游戏，顺便也让他们知道你的名字。如果想要帮助孩子们了解教室布局，可以和他们玩图片的 BINGO 游戏，可以将教室里的一些用品做成图片，比如剪刀、各种功能区域、书籍。对于低年级的学生还需要帮助他们熟悉学校周边的道路和一些重要的人的姓名，比如学生处主任、校医等。孩子们在熟悉学校之后，才可以更轻松地找到诸如厕所、医生办公室以及用午餐的场所等比较重要的地方。为了达到这个目的，可以先让学生玩一个寻宝游戏，然后回到教室再用道具来做表演。

· 学生按照老师的要求在校园内寻宝，找到“重要”的办公室或者其他一些活动场所。

· 在给学生说明需要寻找的地点时，最好画成图片而不只是写下名字或者单纯用文字描述。

· 用一些冰棍棒做道具，在上面画出“重要”人物的脸，然后把之前要求寻找的场所标在游戏板上，这样就布置好了表演的舞台，学生们可以用冰棍棒道具扮演不同的“重要”人物，根据标出的场所编一些相应的故事。

对于高年级的学生，可以给他们 5 分钟的时间让他们挑选盒子里面的问题来回答或者选择完成某个挑战。有时候为了找到答案，他们需要和同学交流，这样学生们就有机会认识彼此，也有更多机会相互了解。然后，在小组讨论时同学们可以相互交流答案，这样他们就会找到那些和自己有相同爱好或者经历的同学。下面列出的就是一些有意思的任务：

· 找到今年夏天搬到镇上的同学；

· 找到和你同月出生的同学；

· 找到假期去过别的国家旅行的同学；

· 找到喜欢做运动的同学（并且写出是什么运动）；

· 找出姓名笔画最多的同学。

还可以在盒子里放一些涉及学习的内容。

· 找到喜欢数学的同学；

· 找到在假期读了 5 本书的同学；

· 找到喜欢科学的同学，而且这位同学希望自己长大后成为发明家。

在学生们相互认识之后，老师（或者学生小组）可以把收集到的答案做成填字游戏的提示，而填字的内容就是同学的名字。

隔天老师还可以要求学生写封信介绍自己，谈谈他们希望的课堂常规是什么，或者说说他们希望老师不要在课堂上做什么。很庆幸，我就是从学生的这种来信中了解到某个孩子因为吐字不清所以不希望被安排当众朗诵，但是他向我保证如果有些段落他觉得自己可以尝试，就会主动举手，他也确实那样做了。还有一次，也是通过这样的书信，我了解到一个学生因为祖父母的关系对于战争的话题非常敏感，所以我在选择全班性朗读的文章时就注意避开了这一类的文章。这些信可以帮助老师了解学生的想法，同时也能让学生感受到老师对他们的关心，让他们知道老师希望了解他们的感受和想法。

让学生给老师写信的同时，老师也可以给学生写信，向学生介绍自己，并告诉学生们自己希望他们在课堂上做什么，不做什么。这样的方法很好，它不仅让学生意识到老师也有自己的想法和感受，还可以帮助老师开启与学生对话的窗口。老师可以在信里告诉学生们以下内容：

·诚实的品质对于班级的重要性；

·在班级中如何与他人交往？

·如何应对霸凌或者班级小帮派？

·什么时候，为了什么原因老师可以帮助学生保守秘密？什么时候，为了什么原因老师需要联系家长？让学生知道你珍视和他们的关系。

还可以让学生就信里的一些内容进行讨论，如班级的共同价值观是什么？如何做到相互尊重？这样才能在班级内建立起真正良好的关系。另外，通过读老师的信，孩子们也才有机会了解老师的幽默感以及老师和他们一样也是有个人感受和想法的普通人。

无论你采用什么方式，请不要说“哦，这个可以以后慢慢做”。学年一开始就抽出一节或者两节课的时间来开展这样的活动，可以避免日后无谓地浪费时间或者出现不必要的麻烦。根据美国心理协会①的调查结果，在学生和老师间建立起积极正面的关系对于学生学业和人际交往能力都有很深远的影响，一份良好的关系可以帮助学生在学习上更有收获，更全心地投入学习，在班级里表现得更好，充满学习的动力。同样，在2014年的一份调查中，麦考密克和奥康纳②（McCormick and O' Connor）发现在1～5年级的学生

---

①Sara Rimm-Kaufman and Lia Sandilos, “Improving Students' Relationships with Teachers to Provide Essential Supports for Learning,” American Psychological Association, http://www.apa.org/education/k12/relationships.aspx.

②Meghan P. McCormick and Erin E. O'Connor, “Teacher-Child Relationship Quality and Academic Achievement in Elementary School: Does Gender Matter?,” Journal of Educational Psychology 107, no. 2 (2015), 502—16.

中，那些和老师关系较好的大多数学生在阅读课上进步更大。

所以不难理解，当我问学生们喜欢怎样的老师时，他们的回答和调查的结果惊人地相似：

· 和我们交谈而不仅仅是命令我们去做事的老师。我们可能年纪还小，但是却能够判断老师是否尊重我们。

· 让人感觉可以信任的老师。能为我们保密，只要那个秘密不会让我们陷入危险或者伤害他人，而且老师也信任我们。在这样的班级里没有人会去撒谎骗人。

· 爱讲笑话却从不取笑学生的老师，就算有的笑话可能并不好笑。即便他知道我们可能会认为他比较老气，但他还是向我们展现自己真实的一面。只有老师在学生面前是真实的，学生才可能在老师面前是真实的。

· 严格但对待学生一视同仁的老师。测试的时候他不总是出难题。这一年有他做我们的老师，大家都感觉幸运。

不要害怕让学生看到真实的你。尽管没有必要，也的确不适合与学生分享你私人生活的点点滴滴，但是让他们知道你的价值观，知道你为人处世的方法原则是完全可以的。和学生建立并保持良好的关系，无论是对于老师还是对于学生都是有益的。

在组织教学的时候指令要详尽、清楚、完整

很多时候你和同事聊天，本来对话很简单，但同事突然用了一个你不太了解熟悉的词，当你向他询问那个词是什么意思的时候，是否感觉别扭呢？ 当你发现好像只有你不知道那是什么意思，而其他同事都知道的时候，你就真的一点儿都不感觉尴尬或者局促不安吗？ 然后想象一下，如果这样的情况发生在一个孩子身上，他的感觉又会是怎样？

有很多事情我们都假设孩子们应该知道。 有人教过孩子们遮盖房子的那个部分叫作房顶吗？ 或者我们只是假设一年级的孩子都应该知道房顶指的是什么呢。 有人教过孩子们按照从小到大的顺序排列，依次是城市、省市、州、国家，以及世界吗？ 还是我们只是假设他们在成长的路上无师自通了呢。 所以，最好的教学活动就是不去假设。

国家失聪及其他沟通障碍研究所（The National Institute on Deafness and Other Communication Disorders）提供的数据显示，在美国有六百万到八百万的人有不同程度的语

言障碍。[①] 因此，我们可以想象并非每个人都能听清其他人说的话，更别说准确理解别人想要表达的意思。在日常交流中，你可能不需要向人解释你用某个词的意思，但是在教学生的时候最好确保学生真正理解你想要表达的意思。在教学生需要学习的词汇时用其他一些比较简单、基础的词汇解释说明一下会是个很好的方法。

所以，今天我们来讲一讲细胞，构成生命的最小单位……通常我们也把它们叫作生命的积木。当我说积木的时候，你们想到什么呢？（等待学生回答。）你们小的时候都玩过积木吧。那么细胞是怎样的积木呢？

从上面的例子来看，我们将教学与孩子们小时候玩积木的记忆结合在一起，帮助学生在头脑里形成一幅图画，这样更便于他们理解细胞与身体其他部分的关系。

作为老师，你们必须记住不要假设学生可能已经知道。所以我们首先要帮助学生回忆一些和我们要讲授的内容相关的最基本的知识，然后再进一步介绍，再进一步，再一步，直到完成你的教学内容。这种层层递进的教学方法让

①"Statistics on Voice, Speech, and Language," National Institute on Deafness and Other Communication Disorders, last modied June 7, 2010, http://www.nidcd.nih.gov/ health/statistics/pages/vsl.aspx#3.

学生在自己的头脑里逐渐描绘出一幅完整的图画，对于所学的内容才会感觉轻松，才会有自信，这样才能帮助他们取得进步，获得更大的成功。

从小开始教会孩子们如何通过对话解决问题

我们都希望自己的孩子开心、安全、茁壮成长，希望帮他们避开不好的遭遇。但是在内心深处，我们都知道要教会孩子们在难过时选择合理的方式表达个人情绪，首先得要他们真真切切地体会过什么是难过。从学龄前直到进入工作岗位，学习如何与那些和你格格不入的人交流沟通是很重要的一课；而且这节课开始得越早越好，这样的学习开始得越早才能学习得越好。

开始学习如何与人交流沟通的时候，最好有一个可以仿效的“对话模板”，即便只有几句话都可以。别人是否知道你的头脑里有这样一个对话模板并不重要，模板只是为了帮助说话人可以清楚陈述自己已经察觉的问题，并且始终保持以发展的眼光看问题，期望通过谈话找到解决问题的方法。

我常常教幼儿园的孩子学习模仿对话的五个基本步骤。一开始，我会使用课堂上出现的一些问题作为范例，指导学生扮演对话的双方。一旦学生熟悉了开展对话的各个步骤，而且明确每个步骤的目的，我们就开始学习处理实际生活中一些真正的问题，现学现用。如果问题发生在课堂上，我会先进行指导，然后要求相关学生依据步骤进行下一步对话交流。那样的对话有时候会安排在课间休息或者午饭时间。我会经常旁听孩子们的对话，有时候对话是两个孩子之间的，有的时候则是孩子和大人之间的，在那个时候，我总是鼓励让孩子们自己主导对话。我只在一些需要特别指导的时候才说话，我待在那里其实更多的只是作为精神上的一种支持，尤其是当孩子的对话方是成年人的时候。

步骤一：感觉有问题的一方提出对话请求。

我可以在你有时间的时候，和你谈谈我感觉到的一个问题吗？

（向孩子解释："你需要提前约定时间是因为对方对于对话需要有思想准备，需要对谈话内容提前有所了解，尤其需要明确你感觉到的问题和他是有关系的。"）

步骤二：在对话开始时，你首先需要感谢对方同意你的请求。然后举个例子说明你感觉到的问题所在，说说你的切实感受是什么以及你打算如何改善这样的情况，接着谈谈你希望对方做什么（或者你可以询问对方有何打算）。

非常感谢你能同我见面。我有一个问题。当（说出具体

的事件、行为或者问题)时，我感觉……(说明自己的感受)

我想(说出你打算改善这种情况的具体方法)来改善这样的情况，让问题有所好转。

(说出一种选择)你可以帮助我(说出你希望对方做的)吗?

(或者说出另外一种选择)你可否帮助解决这个问题呢?

步骤三：请不要打断对方的话，要仔细听他说的内容。

步骤四：讨论问题，寻找双方都能接受的解决方法。

步骤五：无论结果如何都要感谢对方参与对话。

非常感谢你抽时间和我见面，和我一起解决这个问题。

如果一个年纪小的孩子发起这样的对话，那最好让对话的另一方事先有所准备。 而且很重要的一点是，让感觉有问题的一方知道对话的结果不一定圆满。 但是不管结果如何，经历整个过程本身也是很有益处的。

无论孩子的谈话对象是另一个孩子还是一个成年人，比如老师或者校长，他可能都需要有人帮助，从而找到合适的词汇清楚表达自己的意思。 在这种情况下，可以提前和学校的心理老师或者其他可信任的成年人进行模拟对话练习，那是会很有帮助的。 如果孩子的父母也懂得这一类对话交流的技巧，那他们也可以帮助孩子在家练习。 家里可能存在的问题是兄弟姐妹间的分歧、和朋友的矛盾，以及孩子和父母之间的问题。让学生家长知道你正在培养他们的孩子与人对话沟通的技巧，其实也可以让父母们意识到自己的孩子正在成长，日渐成熟，接受一定指导后，孩子是可以独自解决一些问题的，所以他们解决问题的方式应当受到尊重。哪怕单单只达到了这样一个效果，你教授学生与人对话交流的技巧这件事也可以算是大获成功了，因为老师、学生和家长都已经从中获益了。

粘贴警示启发性的标语（如果标语是孩子们自己写的会更好）

警示启发性的标语对孩子或者是成年人都会产生很大的影响，如果再配上图片解释说明，就更具影响力，会吸引更多人关注，取得更好的效果[①]。对于年龄小的学生，用卡通图画来解释说明相关内容可以既表现得幽默，同时也让人感觉到亲和力。想象一下有这么一幅卡通画，画上一个小男孩匆匆忙忙冲下楼梯，结果撞到了墙上，在男孩头顶还画着几颗星星表示被撞得头晕目眩。这样的一幅画肯定可以

---

①Monica Moses，“Readers Consume What They See，” Poynter，August 7，2002，http://www.poynter.org/uncategorized/1875/readers-consume-what-they-see/.

警示学生不要在过道上奔跑。

对于大一些的学生，他们可能想要看到一些摘抄自小说或者其他一些书籍的名言警句。我最喜欢的一幅画，上面画着《丑女贝蒂》里面的一个角色，同时配上摘抄自卡伦·嘉宝（Karen Karbo）的小说《米瓦纳·克拉克有了主意》（Minerva Clark Gets a Clue）中的一句话：

“以前我以为一个外表完美的人内心也一定是完美的。现在才知道这句话反过来说才对。”

这对于孩子们是多么重要的启示呀！当孩子们自己选择名言警句的时候，也可以为这句话配上图，可以是他们自己的照片，也可以是他们朋友的，或者是偶像的照片，这种直观的展示不仅可以让大家欣赏到图片，同时也可以让人留意到上面的话。

为了鼓励学生把他们的画和警句带到学校来，可以先要求学生组长以身作则。一旦学生组长们的作品被展示出来，就可以扩大范围，在不同年级和学生团队中收集照片和警句。学生们会很自豪地选择那些有意义的句子摘抄，然后为这些句子配上特别的图片，并将最后的成品在校园内展示。老师在获得学校许可之后也可以参与其中，这可以让学生们看到老师们不同于平常的一面。

展示的形式可以多种多样。学校可以按年级划分特定的展示区域，然后标明这块儿属于哪个年级。鼓励学生每学年都带来新的警句和图片添加到年级的展区。等到学生毕业的时候，在那里积累的将是他们过去四年甚至更长时间的展品。在完成学业准备离开这所学校的时候，学生们回看自己的作品，他们会发现这些年来自己对于生活的态度，对于世界的认知，对于“什么才是最重要的”的理解与诠释有了多么大的变化。这样的积累和沉淀可以打动他们的心，让他们的内心充满爱，同时还会不断提醒他们生命中什么才是真正重要的。

对于年纪小一点儿的学生还有另外一种方式。那就是根据不同的年级或者班级，让学生们想想有哪些句子可以教会他们一些方法，让他们能够为自己的社区或者自己生活的这个世界（自己的班级、学校、城市、省份、国家或者整个星球）带去积极的影响。在头脑风暴之后，学生们可以投票选出最能代表他们小组的一句警句。这些摘抄的警句也可以以小组的名义在学校张贴出来。学生们喜欢看到这些来自他们自己、他们的同学和老师们的作品。

选择一个让你头疼的学生，然后尽一切努力去认识理解他

每个老师都会遇到一两个让人头疼的学生。这样的学生仿佛总是知道如何惹人发怒，而你虽然是专业的教育者，通常都能保持冷静，但也难免会有被激怒的时候，更有甚者还会让你在学生、学生家长，甚至是在你的校长面前失控。好吧，偶尔爆发一下或许也不是什么坏事，但是如果你老是不能保持惯有的平静的话，那就是被学生牵着鼻子走了！

这样的情况听上去很熟悉吗？你可能觉得这样的学生太多了，但其实改变起来也不是很困难。花 3 个星期的时间专门关注一个让你头疼的学生。仔细调查了解那个学生。听听他平时和朋友们都谈些什么（仔细听！），在课间休息或者午餐时间观察他的表现，向他以前的老师咨询他的情况，甚至你还可以找学校的心理老师谈谈：是什么原因让这个孩子有那样的行为表现？他有哪些兴趣爱好？他在家的表现如何？他的梦想是什么？有没有什么是他特别感兴趣的？他的兄弟姐妹们怎么样——如果他有兄弟姐妹的话，他和兄弟姐妹之间的关系如何？他养宠物吗？

还有一种方法就是我们可以和孩子的父母交流一下。在表达你的观点时，请注意用词，你需要让父母们知道你的

目的是希望增进和孩子的关系。不需要让家长知道这个孩子让你头疼，但是你可以告诉他们你希望和学生建立起更积极的师生关系，这样不仅可以帮助孩子提高学业成绩，同时也可以让他在学校的生活更加愉快。

在这一系列的动作之后，你应该已经掌握了大量关于这个孩子的信息，现在可以着手制订作战计划了。记住避免一些华而不实的表扬，那样的表扬对于这样的孩子起不了作用。某天他来学校上课时，你可以用很友好的语气对他说："××，早上好哟。"同时还在脸上展现出愉快的表情，自自然然地，不夸张不做作，简单地不带任何情绪地和他打个招呼。

你能想象吗？有一天一个你以为对你忍无可忍的人突然向你友好地打招呼，而且语气也不是冷冰冰的，你该有多么惊讶。如果你可以从直觉上知道某个人是喜欢你还是勉强忍受你，那么学生们也可以从他们的同学和老师身上获得同样的感受。当他们走进教室或者说出自己的一些看法的时候，他们能够清楚地感知你或者周围其他人是如何看他们的。所以现在首先要改变一下你和他的关系基调。

第一天，你只是简单地问声好。然后第二天以及这一周接下来的几天，也都这样做，或者可以多加上一句"明天见。”一切都要是很自然的。好像这样的问候并没有什么特别之处。你只是表现出最基本的友好而已。不刻意提高音量，也不企图吸引更多人的注意，只是很简单的一些问候和表情。

然后在第二周依然坚持那样做，同时可以加上其他一些话题，但是不要说赞扬的话，只是表达你注意到关于他的一些情况或者给予一些普通的看法。比如，“早上好！周末过得如何？”或者“你好！昨天看足球比赛了吗？”

从这一步开始，你或许可以寻找一些他感兴趣的话题从而开启彼此间的交流，你可以参考之前在观察阶段了解到的信息来选择话题。某个运动队、某种宠物或者某部电影，这个阶段你可以尝试聊聊各种各样他感兴趣的或者能够激发他的好奇心的话题，只需要避开“敏感”的部分即可。“我听说你是牛仔队的粉丝？你认为他们今年的表现会如何？”

等到第三周以后，你可以根据情况决定是否进入计划的主题。你开始做这件事是因为这个学生让你头疼，但是到现在，你恐怕已经不再有那样的感受，事实上，你好像还和那个学生相处得不错。你甚至可能已经把那个孩子想成是自己的孩子、自己的兄弟姐妹或者新结识的一个朋友。你需要保持友好的态度，但也不要太过热情；你可以在某件对你比较重要的事情上请求他的帮助。但请记住，这是一份才新建立起的“友谊”，要尽量让它顺其自然。你可以这样说：“早上好！我在想可不可以请你帮我个忙？在午休之前我需要找个可以信任的人帮我把这张便条交给学生处主任。课间我没有时间，所以只有现在去交，你可以帮我这个忙吗？”

即便这个学生拒绝帮你把便条带过去，那也没有关系，只要他知道你要求他帮你做事是基于你对他的信任就够了。要让他知道你很庆幸他是你班上的一员，而且在班上有他这样值得信任的学生对你来说是件很好的事情。

如果他同意了，就对他表示感谢并交给他需要递交的便条，告诉他要交给谁。如果你实际上不需要交便条给某人，那你就给他一个封好的信封，在信封上写明学生处主任收，里面可以放上一张纸条，写上：一个测试，我课后过来取。如果你计划使用这样的策略，可以提前告知学生处主任你可能会让一个学生帮忙带一封信过去，他会代你接收那封信并感谢学生。这件事的关键在于让学生体会到你对他的信任。

让学生知道你珍惜并信任他们是你有自信的表现。你可以利用这段时间和学生建立起更为积极的关系，而不是让关系恶化，同时你还可以判断是否有需要为这个学生安排一个指导老师。有时候孩子们需要知道有个特定的人始终默默地关注着他们。在一定范围内，你现在至少和一个学生开始了很好的交流，而且这个学生可能借着你的帮助和他的指导老师也建立起良好的关系，而这可能会改变这个孩子的一生。

在课堂教学中融入社交与情绪学习的内容

社交与情绪学习（SEL）对于孩子的发展总是很重要的，而最近几年这种学习受到更多教育者的关注。事实上，2012 年 11 月和 12 月，通过小组讨论、问卷调查以及采访等不同形式，全美国各地的公立学校老师和学生就已被邀请参与评估各个学校对于社交与情绪学习的重视程度。此外，在 2012 年 12 月，学前班到十二年级的 605 位公立学校的老师接受了电话访谈。访谈的结果被撰写为文章，题目是“缺失的一块：就社交和情绪学习如何影响学生、转变学校对全国老师的调查报告”，并被收集到《学业、社交及情绪综合学习》一书中，于 2013 年出版。

调查的结果表明老师们不仅明白、珍惜并且很支持学生的社交与情绪学习，同时他们还相信这样的学习会帮助学生在学校、工作单位以及整个一生中获得更大的收获。事实上，2008 年 12 月的一份针对 3 个学前班以及 8 所学校的管理者进行的调查结果表明，77％的老师相信对学生进行社交和情绪教育有助于提高学生学业成绩[①]。

全国有 8 所来自大城市的学校参与了 CASEL，也就是社交与情绪教育的教学实践。作为代表之一，德克萨斯州奥斯丁一所小学的校长建议全国的教育者们“要赶快开展社交与情绪教育，一定要赶快”，因为这会给学校以及学生的生活带去很大的改变[②]。

社交情绪的策略可以被运用在学生参加考试、表演或者大型体育比赛之前，我们可以教会学生通过深呼吸的方法来帮助平抚自己的紧张情绪，厘清思路。学生的课堂表现以及与他人的关系也可以通过这种学习而得到改善，因为这方面的学习将教会学生如何更好地善待自己以及他人。老师

---

①Lucile Packard Foundation for Children's Health，http:// www. lpfch. org/.

②J. Bridgeland，M. Bruce，and A. Hariharan，The Missing Piece：A National Teacher Survey on How Social and Emotional Learning Can Empower Children and Transform Schools (Civic Enterprises，Peter D. Hart Research Associates，and Collaborative for Academic，Social，and Emotional Learning，2013)，http://www. casel. org/library/the-missing-piece.

只需要简单提醒学生："在和别人说话的时候请注意用词。"那么学生在课堂讨论时，在午餐时，在走廊碰到其他同学时，他们的行为都可以得到改善。

如果你的学校已经安排相关活动以提升学生在社交与情绪管理方面的能力，那就太好了，你一定要积极参加那样的活动！ 如果还没有，你就需要自己找一些资料来让学生学习，这些资料可以是有助于学习自我控制，增强同情心、个人责任感，帮助学生培养慷慨大方、善良以及仁慈等品行的内容。 教会孩子们如何管理好个人行为的同时也要教他们学习体谅别人，这才能让他们在变幻莫测的生活中更好地调整自我。

如果你真心希望别人"懂你的意思"，请把它写得尽量清楚并注意措辞

教会学生在个人情绪比较激动的时候采用书面形式表达自己的意思，这样做对他们一生都有帮助。 我的母亲曾经告诉我她小时候受过的教育是对于好的事情尽量写下来，不好的最好说出来而不要写下来。 我能够理解这种教育的善意所在，但是我仍然坚持培养学生写下真实感受，无论那样的感受是好是坏，只是在交流的时候我们可以采用更具有

建设性、更恰当的方式。

信息要写得具体，能清楚说明想要传达的内容是什么。类似于“善良的”“刻薄的”“好的”“坏的”这类意思含糊笼统的形容词，尽量避免使用，或者用其他更能准确表达意思的词语代替。对于发生的事情应该尽可能客观准确地描述，去掉那些带有个人评判色彩的用词。只有在准确说明发生的事情之后，我们才可以开始谈论这件事的意义和价值，但即便如此，我们仍然需要注意尽量不要在表述时加入个人情绪。

小学生可以在书信写作课上练习这方面的技巧。而对于高年级的学生可以通过记日志，为校报、班级的板报写稿，参加辩论队等方式练习这样的技能。最后，向地方报纸投稿更可以检验学生在这方面的能力。事实上，任何一种学生认为不公正的情况都可以是一个机会——帮助他们学习如何清楚明了地、不带任何感情色彩地通过书面形式来传递信息。

这一点学起来并不容易，即便是很多成年人在这方面都还不能掌握得很好。但是通过你为学生提供的关于社交与情绪的学习以及你专业的指导，他们在离开你的课堂时，在与人交流方面一定可以更加成熟，进入一个新的层面。

第二章　学生策略:班级管理与规划

做事之前先计划,做事过程中才不会混乱。

——A. A. 米尔恩

每一年，当老师们踏进教室的时候都希望这一年对于学生、学生家人，还有对于自己都是美好的一年。但是接踵而来的是不得不应对各种繁文缛节，各种不可避免的琐碎细节……

· 你是否填完所有的表格并且上交给了正确的部门?

·你是否布置好了教室，这样你的学生才知道作业应该交到哪里，方便你收取？

·你是否知道哪些学生有过敏症？学校的应急预案是什么？为每个孩子准备的“紧急救助”物品又在教学楼的什么地方？

·你是否和学校负责特殊教育的老师见过面？知道即将接手的学生中有哪些需要特殊照顾？

·你是否见过学校的法律顾问，明白这一年在解决学生问题时可能有哪些法律方面的问题？同样，你是否了解学生家庭的一些问题？这些问题可能对学生的在校行为和表现产生什么影响？

感觉头晕了吧？那是正常的。

做老师就是有大量工作需要规划、执行以及费心照料——甚至在遇到学生之前就是如此。所以不难理解，那些“常规”的工作其实反而简单了，比如制订班规，准备一个“作业交给我”的箱子，固定发布作业信息的地方，制订课堂规范等，做好这些不是在浪费时间和精力。

这一章我们就会谈到这方面的问题：如何高效地规范班级。不要焦虑日常的细枝末节，学会把工作化整为零，把需要做的事情一件件列出来，然后集中时间在最重要的事情上——你的学生。

做个“门卫”是件很好的事，真的好！

你希望自己给人留下怎样的第一印象呢？想过没有，第一印象其实开始于我们的家门口，或许是你家的大门，学校大门或者你的教室门口。想象一下，如果你家的前院杂草丛生，玻璃窗也坏掉了，这样的家会让客人感觉被欢迎吗？我不这么认为。

你送孩子去学校，准备让孩子下车的时候，却发现学校灯还没开，门也关着，停车场空无一人，你会放心让孩子下车吗？反正我不会，我只会让我的孩子待在那些安全有保障，有人照看，可以接受良好教育的地方。

教室也是如此，你应该尽力让教室看起来是一个非常适合学习的地方。

· 应该在教室门外清晰标明老师姓名、房间号码和课程名字；

· 教室应该张贴一些激励性的口号标语；

· 在固定的地方写出对学生作业的要求以及教学目标；

· 公告栏里的内容拼写要正确，并且排列有序；

· 需要安排一个特定区域放置词典、同义词字典、地图册和其他科目需要的资料；

· 区分开小组学习和个人学习区域；

· 教室的布局要整洁，确保老师和学生有足够的活动空间；

· 合适的照明和温度；

· 清楚告知学生完成作业之后应该做什么；

· 清楚标明上交课堂作业或者家庭作业的地方；

· 在显眼的地方张贴班级规章制度。

除了为学生展现一间有序整洁的教室之外，你还需要让学生知道在他们到达之前你已经为教学做好了准备。在学生来到教室的时候，特别是当他们的家长也一同到来的时候，你最好不要只是坐在讲桌那里，或者在黑板上板书，你可以到教室门口对他们表示欢迎。

面带微笑，主动和学生打招呼，提醒他们进教室后马上做好上课的准备。如果你在黑板上布置有要求学生进教室后马上完成的内容，也可以提醒他们注意看黑板。

对于那些陪同孩子来到学校的家长，你也可以和他们打个招呼。如果家长说希望帮助孩子做课前的准备，你可以委婉地提醒他们，孩子需要学习如何处理自己的事情，而且他们也有足够的能力解决好那样的事。这样做，是为了让家长放心将孩子交给学校，你可以在家长来接孩子放学或者在学生回家之后，再告诉家长他们的孩子这一天在学校的情况。

当你在门口欢迎学生的时候，还可以顺便帮忙管理走廊的情况。如果你每天都在教室门口监督走廊的情况，其他班的学生也会注意到你，慢慢地你也知道其他学生的名字。这样很快你也可以和他们打招呼，然后当他们路过你的教室时，就会努力表现得更好，为你的学生做好榜样。

如果不邀请父母进教室，会让有的父母感觉不舒服。他们担心你在隐藏什么，或者他们只是想更多地了解你会教孩子们什么。你有责任告知家长你的工作内容，以及教会孩子们这些对他们有什么好处。我们可以有很多其他方法帮助父母了解这方面的内容。

你可以在开学后的家长会上向家长说明每天早上的教学安排。对于年龄小一些的学生，你可以告诉家长你希望培养孩子的独立性、自我解决问题的能力，希望帮助他们树立自信，同时也希望孩子知道有大人在旁边，可以随时为他们提供需要的帮助。告诉家长们你将给学生订立什么样的规矩，比如个人物品要放在哪里以及早上到校之后有哪些准备工作要做。如果你发现学生在某些方面有困难，也会及时和父母取得联系，这样家长们可以和你一起思考解决办法，而不是简单直接地告诉孩子应该怎么做。

当然，你还必须告诉家长班级活动也需要，或者说希望得到他们的协助。家长们可以申请负责以下活动：

· 参与组织班级郊游；

· 充当神秘读者；

· 参加班级聚会；

· 协助学校摄影节活动；

· 为某些特殊的小组活动提供帮助；

· 帮助计划假期聚会或者每月一次的班级庆祝活动；

· 帮助设计、修改公告牌。

对于年龄大一些的学生，你可以选择用不同的方法向他们解释。要让家长们知道你这样做的目的是帮助学生学会必要的方法、技能以培养他们的独立性和解决问题的能力，从而树立起他们的自信心。毕竟父母不会和学生一起上大学，更不可能进入他们的职场。所以牢固掌握这些技能对于学生今后的发展至关重要，而你作为他们的老师，在发现学生在自我管理或者个性方面有欠缺时，必须帮助他们及时弥补改进。

你要让父母们知道学校和家长之间应该保持信息的交

流。这个时候你就可以告诉他们多久你会给家长们群发一次邮件，你也可以告诉家长们你的邮箱地址，以及你通常回复邮件的时间，或者你也可以告知他们你的电话号码以及适合打电话和你交流的时间。同时，再次告诉家长们在某些特定的活动中你需要他们的帮助，比如在运动会、艺术节或者班级郊游等活动中你需要家长帮助维护安全。

如果你的学校没有计划在开学的时候组织家长见面会，而你打算在学年中期组织这样的见面会，你可能需要提前写一个通知向家长解释说明，这样家长在来到学校的时候不至于毫无头绪。在通知中请尽量写清楚家长会的内容、召开的原因、对学生的重要性，以及对于那些不能到会的家长，可以用其他什么方式与你联系交流。

在必需品之外再准备一个额外的“宝盒”

毫无疑问，在这方面你们应该会有个人的看法和喜好，所以大可按照自己的要求来准备……

每一所学校对于学生的着装都有特定的要求（有的时候甚至还不可变通），而你的班级、你的课堂又会有一些常使用的东西。有些东西即便不是必需的，但如果有预备，是迟早也会派上用场的。每天你需要操心的事情已经很多了

（压力也够大了），所以不要浪费时间去帮学生找多余的课本或者为了找到不必需的袜子到处乱翻。

为避免那样的情况，在学年开始之前先列出 3 张单子，记下你需要的东西，然后在教室找个特定的（固定的）地方放置你的“宝盒”，把需要的东西放在里面保存好。开学后的每个周五，清点一下这周用完了哪些东西，然后在周一的时候再重新准备一些。你会很高兴自己做了这样的准备。

根据学生的年龄、学校对于着装的规定，专门针对着装方面可能的需求列出一张单子。单子上的东西既要有实用性，也要符合学校制度。比如对于一年级的班级，单子上可以列出：

· 袜子；

· 内衣；

· 短裤／长裤；

· 皮带；

· 校服的衬衣；

· 在气温骤降或者使用空调的时候可以添加的外套；

· 绘画用的罩衣／上衣；

· 参加某些“主题”日——太空日、愚蠢的帽子节、精神日（spirit day）（译者注：精神日也叫作紫色纪念日，是为纪念因为性取向遭受霸凌而自杀的青年）等的服装。

在另外一张单子上写出在你的课堂上学生可能需要用到的学习用品。学生本应该带来他们自己的，但是有的时候他们可能忘记带上，或者根本就没有。同样，需要哪些东西也取决于你的课堂，对于三年级的学生他们可能需要：

· 铅笔；

· 有格子的本子；

· 活页夹；

· 彩色笔；

· 订书机；

· 尺子；

· 橡皮擦；

· 计算器；

· 索引卡；

· 剪刀；

· 荧光笔（红色、黄色、绿色、蓝色、橘色）。

最后，把那些不必要但如果有就能提供更大方便的东西也列一个单子。在教学过程中，你会慢慢发现有些东西可以帮助你节约时间（节省精力）。你也可以让同事或者朋友帮助推荐一些东西补充到你的单子上。有同事可能会笑着给你看他那个放满充饥零食的抽屉，另一个则可能给你推荐一个很棒的可以帮助集中并维持学生注意力的小玩具。可能还有下面的一些建议：

· 零食（为你自己或者一位饥饿的学生准备一些）；

· 女性用品（男老师可以让邻座的女老师帮忙保管）；

· 洗手液；

· 擦手纸和纸巾，或者用来处理呕吐物或者擦脏桌子的清洁纸巾；

· 擦鼻涕用的餐巾纸。

老师在安排教学进度的时候不能只是简单地推进，必须要考虑到每个学生的情况以及专家的建议。如何才能避免因为学生“忘记拿……”而影响你的教学进度呢？当然是有备才能无患了。接下来还需要完善“租借”制度。

· 你需要考虑学生的年龄；

· 咨询在这方面有经验的专家；

· 把你的制度写下来，并确保学生和家长都清楚理解相关内容；

· 记录好每个学生借用的次数以及他们每次借的东西是什么。对于那些“借用”次数太多的学生，可能需要为他制订一个个别计划来帮助减少遗忘的次数。

我认识一个特殊的孩子，他完全不会用储物柜。如果一整天就在一个教室上课，他随身携带的学习用品还可以应付；但如果需要去不同的教室上课，本来应该先去储物柜换取东西，然后再去教室，但是有他那样症状的孩子就完全做不到。于是他的老师给他准备了多余的教材（大多数时候，如果学校不提供多余教材的话，也可以在网上买用过的教材），他的父母也配合老师根据不同的学科需要为他准备了额外的学习用品，他们把具体学科的用品和普通的学习用品用盒子装好放在不同的教室。所以除了放衣服之外，他根本不用储物柜。他背的书包里面也只装着他的午饭和每天需要上交的作业。

除去这种特殊情况之外，对于没有借过东西的学生，你可以在每次做评价时奖励他们一张“免费券”。而对于那些借过东西的同学，可以根据他们的年龄给予适当的惩罚。事实上关于如何惩罚可以和学生讨论后一起来决定，这样学生也可以参与制订惩罚措施。作为对学生的最后一次提醒，你可以在他们进入教室前，在教室外面张贴一张公告，告诉他们哪天需要准备哪些学习用品。任何可以帮助学生提前做好准备，承担起更多个人责任的方法都是好的。

有备才能无患。有的学生本来并不常借东西，只是在某段时间遇上特殊情况后会借。之前我有一个学生，他在学习和个人事物的管理方面本来并没有什么问题，但是他的家庭在有段时间出了些状况。所以这个孩子对我说："我就是感觉恍惚，满脑子想的都是家里的事情！"这种时候，不管这个人是不是学生，我们都需要对他展现出关心、包容、体谅。这种特殊情况需要做特殊的处理。而一旦他家里的问题得以解决，学生自然也会恢复正常。

确保每天在开始上课时学生们都有一个好的精神状态

学生们可能才从被窝里爬起来就来上学了，可是还没到教室就已经感觉厌烦了，仿佛已经在这里待了一辈子。除了学生中普遍存在的问题，比如兄弟姐妹之间的竞争、宠物走丢了、和父母不和，或者社会上正流行的一些问题等，今天的青年们还面临着各个领域的诸多问题。

Zur Institute ① 是一个继续教育资源网，根据它的调查，2014 年青少年们面对的最大问题有以下几方面：

· 青少年暴力；

---

①O. Zur, Teen Violence, School Shootings, Cyberbullying, Internet Addiction, T. V. and Gaming Violence & Teen Suicide: Facts, Ideas, And Actions (Zur Institute, 2014), http://zurinstitute.com/teenviolence.html.

- 校园枪击案；
- 网络霸凌；
- 网络痴迷；
- 电视暴力；
- 青少年自杀；
- 校园霸凌。

尽管孩子们还在念书，但是他们每个人都有自己需要面对的生活。因为存在那些可能给他们的生活带来负能量的东西，所以每天早上在上课之前，最好安排一些可以帮助人“静下来”的活动。即便只是占用上课前一两分钟的时间，也可以让整节课的气氛始终保持平和，甚至持续更长的时间。你可以选择给学生们播放一些古典音乐，让他们闭上眼睛深呼吸，同时倾听自己的心跳，或者听听校园周围的声音，想想那些都是什么声音。想象自己呼吸的过程同样可以帮助人沉静下来，用鼻子吸气，然后随着这股气慢慢走遍全身，直到脚趾，然后又重新回来，从鼻子出去。最后，全班一起大声朗读也是一个开启一天学习的好方法。

同时，为了帮助学生为一天的学习做好准备，可以在黑板上写一些内容，比如一道练习题，作为对前一节课学过内容的复习，或者是对今天你的上课内容的预习。黑板上的内容可以让学生和学生家长知道在学校要完成的任务是什么。书包放好，学习用品准备好，注意力集中，然后才开始一天的学习。

如果出现特殊情况，你可能还需要做更多的准备。一次，有个学生来上我的课，因为家里的事他显得特别沮丧。但是我和其他学生都没有注意到，直到他开始冲着大家嚷嚷，大声哭叫，然后所有人都静下来听他诉说。根据我对这个学生的了解，知道他已经释放了情绪，所以并不担心他会做一些伤害自己或者伤害他人的事情，但是其余的学生还是被惊吓到了，那个时候课是没有办法上了。我于是关掉教室的大灯，只留一盏小灯，告诉全班同学找个舒服的姿势坐好，然后我开始为他们大声朗读。只用了 5 分钟的时间大家就恢复了平静。然后我们再接着上课，之后那位沮丧的学生也找到心理老师交流。

确保每天你在开始工作时也有好的精神状态

在开始上课时，不仅学生需要拥有一份好的精神状态，作为老师，你也需要有好的状态，你必须在面对学生时保持正常的情绪。然而老师需要扮演的角色有很多。我曾经告诉一位同事，要是早知道，除了教学学位之外我会再多修

10个学位，包括精神病学、心理学和咨询师学位。为了担负起肩上的责任，老师们必须先照顾好自己，要有照料自己的习惯，明白照顾好自己并不是什么自私的行为。

事实上，汤姆·拉斯（Tom Rath）和吉姆·哈特（Jim Harter）[①]就写过一本书，讨论关于保持好状态的关键因素。他们集中描述了如何在工作、社交、经济、身体健康以及团体生活等方面保持好的状态，而以上各个方面的状态很大程度上决定了我们整个人的生活品质。我们要特别关注这些方面，保持各方面的平衡，不要让工作完全占用了你的生活。平衡生活的要素包括保持社交活动，常和你爱的人以及爱你的人在一起，经济独立，饮食合理，有足够的睡眠和适当的体育锻炼，融入一个更大的团体。那些在这几个方面能够好好照顾自己的老师更容易为学生们营造出一种积极向上的课堂气氛，从而让学生也获得益处。

不管怎样，如果你在某方面正经历一些困难，那么你也可以尝试用那些帮助学生平静的方法来帮助自己。这些方法同样有助于你在一天的工作中保持平和，然后很快你就可

---

①Tom Rath and Jim Harter, Wellbeing: The Five Essential Elements (Washington, DC: Gallup Press, 2010).

以找回状态并为学生提供真正有用的帮助。

班规要明确、固定，还要在班上张贴出来

不论以口头还是书面的形式，课表、班规以及课堂规范都应该清楚明了。这些制度可以帮助节约时间，学生们也不会在到了该上课的时候还不知道要做什么，该怎么做。维护好课堂秩序是老师的责任。有一些课堂规则需要在整个学期中都固定展示在某个地方，包括：

· 当前的日期以及每日的课表；
· 上交试卷的要求；
· 课程目标展示；
· 交家庭作业的地方；
· 什么时候发下作业？ 发在什么地方？
· 班级工作有哪些以及轮换方式；
· 是否需要家长签字？什么时候签？
· 考试／测评的时间安排。

其他内容可以在开学后由学生讨论决定。让学生们参与这样的讨论很有好处，也很有必要，可以强化他们对于社交和情绪调节方法的学习，而且也是他们在这个年龄应该学习的。可用于讨论的内容如下：

·如何在课堂上与同学交流？

·如何交朋友？

·如何正确处理沮丧的情绪或者压力？

·如果你看到校园霸凌的情况该如何做？

·关注自己的情绪和想法，了解那些情绪、心情以及身体状态对自己的影响。

·在处理和同学的问题时，什么时候需要请求大人（老师、心理老师以及父母）的帮助？

长期坚持这样做可以让学生明白哪些事情是他们最需要做的，同时也可以帮助他们明白有规划的生活可以帮助人获得更大的成功。

安排好班级庆祝活动，尽量不占用教学时间

每个人都喜欢庆祝活动，但是什么时候做活动更合适呢？ 请尽量把娱乐的时间集中在一起。

·我们可以找一整天的时间为在那个月过生日的所有学生一起庆祝。 最后一个学月的生日庆祝会也包括那些在暑假过生日的同学。

·也可以组织一些表扬良好行为以及优秀学习成绩的庆祝活动。 如果有学生达成了自己的目标，就可以根据你

的日程找一个合适的时间为他庆祝。庆祝活动的时间不需要很长，目的只是为了让学生知道你注意并赞赏他的成功。

·你也可以让参加庆祝活动的学生家长帮助组织安排聚会活动。记住要遵循学校的相关规定。如果学校不允许甜食，那么聚会上就不要准备蛋糕或者糖果，可以尝试用爆米花或者水果代替。你还需要预先考虑某些学生会不会对某种食物过敏。

·除非活动的主题是学习，不然大可用气球做装点，学生们大多非常喜欢气球。

也可以设计一个和学习相关的活动。比如一个老师刚刚教完关于自由市场的内容，那么他完全可以组织一次班级活动，主题就是班级拍卖会。可以提前告知学生们活动主题和时间，这样学生就可以安排好时间，不和其他的课外活动相冲突。家长或者学生的朋友们可以捐赠一些物品用于拍卖；学生们则在这个单元的学习过程中，通过自己的良好表现或者通过达成老师设定的目标来获得积分。这个活动可以让学生深切体会供需关系以及不同的经济体对于市场的影响。每个学生所得的积分不同，所以能拍到的东西数量就不同，或者说每个人能够拍到的物品的价值是不一样的。在整个活动结束之后，大家还可以一起讨论一下关于社会经济的话题。

可以拜托那些在开学的家长会上报名参加志愿活动的家长来具体负责安排这样的活动。 如果是一次临时发起的活动，你需要向家长委员会提前发出通知，一般都会有很多家长愿意帮助安排活动流程，准备食物，或者负责其他一些具体的事务。 你只需要为家长们提供一个活动大纲，让他们清楚你的想法以及学校的规定，然后在活动前两天和家长们确认所有活动细节，如果有需要还可以再调整。

在安排考试或者课题展示的时候，一定要考虑学生的日程

任何一种形式的评估都应该安排在合理的时间，这样有助于学生发挥出最好水平。 考试最好不要安排在大型篮球比赛之后，也不要在同一天安排两场考试，或者和某个重要的课题活动安排在一起。 对于年龄大些的学生，主科可能不止一门，学生们会常常感到时间不够用，这时善于规划的老师的好处就可以得到体现。

如果可以，和这个班的其他老师先沟通一下，避免将主要学科的考试安排在同一天。 如果没有办法亲自和其他老师协商，可以和校长谈谈，考虑张贴一张总的活动安排表，这样每个老师都清楚了。 另一个办法就是准备一页日历，

让你认为最负责的学生帮助你登记主要的考试安排。这样，你可以选择一个最好的时间安排学生参加你的考试，避免为学生增加不必要的压力。

一旦总表张贴出来，首先标出那些“已有安排”的日子，包括学校开展大型活动的日子。划去某些年级要去郊游的日子，学生需要参加国家考试的日子，或者学校组织比赛或者表演的日子，这样就可以避免考试和某些学生的日程安排冲突。如果校长能公布最近一次关于学生压力的评估结果就最好了。“挑战成功”（Challenge Success）是斯坦福大学下属的一个机构，它为家庭和学校提供了一系列的评估模板，帮助建立平衡的又具有适当挑战性的校园环境。这个机构可以提供包括家庭作业、学校课程安排、课外活动、学生诚信、高阶课程实习以及减压策略等许多方面的评估数据。像这样的机构以及地方上的精神健康中心的专家都是你的资源。

在和学生以及他们的家庭建立关系时要多用心，多观察，在努力营造一个有利于学生成功的环境的同时你也要学会照顾好自己，这样的老师才可以给予学生最大的帮助。

第三章　学生家长策略：课堂参与及课后监督

归根到底，帮助孩子成功最重要的因素在于父母对于教育的积极参与。

——简·D.赫尔(Jane D. Hull)

有一整间教室的学生需要我的关注。我对他们可谓尽心尽力，无论是对学生的学业，还是对他们在社交情绪方面的教育我感觉自己都做得还不错。所以想象一下当收到家长发来的那条满是怒气的信息时，我该有多么惊讶！那确确实实是场误会。一个学生无意识地把一段课堂上的讨论转述给家长听，却只说了其中的一部分，漏掉了重要的细节，于是就引发了家长的不满。

那个讨论是关于一个一年级学生问我是否庆祝某个宗教节日。我的回答是，他问到的那个宗教节日很棒，但因为我信仰其他宗教所以并不庆祝那个节日。结果孩子回到家之后，告诉他的父母说老师认为人们不应该庆祝那个宗教节日。我收到来自学生家长的短信，立刻安排了一次与家长的会面，复述了一遍最初的对话，对于引起的不便表示歉意，并和家长约定如果还有其他什么问题或者意见请一定让我知道。这样才最终解决了问题。

但是这次事件教会我很重要的一课，我始终记得这个教训。老师应该鼓励学生和他们的父母分享在学校发生的一切事情，但是请谨记，孩子们可能不一定记得所有细节，而家长对于孩子谈到的关于学校发生的任何事情，通常都会很重视，就算他们并不真的清楚孩子到底想要表达怎样的意思。所以，老师们自己也必须经常和父母保持交流，告知他们关于学校的一些情况。

是的，你需要告知家长关于学校以及班级的一些规章制度，同时也需要找到某种途径让家长了解你是怎样的一个人，你有怎样的价值观、信仰以及你为人处世的准则。你可以做一些有意义的简报，比如转述一些学生的幽默语录，或者和家长们分享一些学生白天在学校和周围的人相处的趣事。这些都会让学生家长们逐渐了解什么样的事情是你关注并且乐于与人分享的，他们可以更清楚地知道什么样的行为以及评价是你比较重视、比较喜欢的。

让家长们了解这一点很有帮助，因为只有这样，才能让家长对你有足够的信心，那么当他们从孩子那里听到一些让人担心的事情时，才可以保持冷静，能耐心地等到从你这里听到完整的故事之后再做判断。换句话说，你花了多少的时间和精力去培养和学生之间稳固且彼此信任的关系，那么你也需要花同样的时间和精力去培养和学生家长之间的这种关系。所以和家长做定期的、明确的交流是完全有必要的。

定义学生家庭的时候要小心

今天的社会对于家庭的定义有很多。你的工作不是去评判，所以在定义学生家庭时，你的个人观点和宗教信仰不是重点。你只需要客观地了解每个学生的家庭背景，接受所获得的信息就够了，在对待学生和学生家人时应该始终友善，有礼貌，给予他们应有的尊重。有的时候是否需要更进一步了解某个家庭，你需要请教其他的人，可以询问学校的心理老师或者学校领导。而且作为老师，你也不应该因为学生家庭的原因在大众面前表现出对这个学生特别的关心或者照顾。

如果孩子的家人并不生活在一起，请确保学校的信息能够传达到学生的每个家人那里，除非对于学生的监护人法律文件有特别的规定。你可以分别给学生家长寄信，通报学校的总体情况以及一些特殊的活动安排。老师应该遵守学校的规章制度，使用学校允许的方式为家长发送信息，也可以通过一些合法的网络系统告知家长信息。所谓合法的网络系统，就是说这些网站获得允许可以发布学生的成绩、违纪惩罚的记录、缺席情况或者校园活动等信息。

有的学生对自己的家庭状况完全可以接受，但是有的可能比较忌讳，所以老师的一些负面评价可能会造成一种无形的伤害。比如一位老师把科学实验用的人体骨架看作是自己素未谋面的父亲，她可能永远想象不到她的这个行为正伤害了一个孩子，因为这个孩子的父母正在协议离婚中（孩子担心自己永远都不能再见到父亲了）。然后这一天晚些时候，一位计算机老师又在上课时提到自己已经离异的另一半，这就加剧了这个孩子的沮丧情绪。最好的办法就是老师们尽量避免提及自己个人生活中比较负面的事情，这样就不会引发某个孩子联想到自己的情况。但是，没有人知道别人正在经历什么，所以也应该教育孩子们凡事不要对号入座。

尽可能多地让家长参与班级管理

如果你是个工作有计划的人，那么也可以把学生家长们组织起来，让他们提前有所准备，这样学生家长就很可能成为你在这一年工作中的得力帮手。在学年开始前，根据学年的安排，你最好提前想好在哪些方面有可能需要家长的协助，然后在开学第一次的家长会上把这些活动列表公布出来，让家长们根据自己方便的时间做相应的登记。在他们写下自己的选择之后，你就可以根据你的需要做好安排：需要有人帮忙设计公告板吗？在每个单元测试之后需要找人帮助整理试卷吗？或者在午餐或者午休时间需要帮助吗？每项活动最好都有家长签字确定可以参与服务，如果还有多余的家长作为预备人手则更好。你会发现在一些特殊的活动中，家长们都可以提供很大的帮助，比如参与高年级的游学活动，在某个活动中成为特别的捐赠者，或者辅助其他一些活动。

你还可以发现让家长参与进来还有其他一些好处。比如只有当你真的认识了解某人之后，才会发现彼此的共通点，从而培养更深层次的信任和尊重。了解学生家长，也让他们认识了解你，这样大家才可以更快而且更好地明白为什么课堂有这样的秩序，为什么对学生有那样的要求。在参与学生郊游之后总有家长对我说："我都不知道你是怎么做到的，我感觉这样的工作我连一天都坚持不了！"让家长们体验一天老师们的工作，就可能让他们更明白这份工作的不易。特别是如果那位家长的孩子还属于比较顽皮一类的学生，他们会亲眼看到自己的孩子在行为上与其他孩子的不同。那个时候他们才会真正明白在某次见面时你同他们提到的关于孩子的某些问题，而之前，他们其实并不太相信老师的话。有的时候家长们需要亲眼见到才会真的相信。

一些家长可能愿意帮忙，但是在时间上不是很方便。遇到这样的情况，你可以考虑让他们参与公告牌的设计或者其他一些类似的活动，这些活动不需要家长到学校来，只需要他们在自己合适的时间参与就可以了。那样，即便家长不能到学校，他们还是可以提供重要的帮助，尽到个人的力量。另外，无论家长们愿意做什么，那都会为你减轻工作负担。我准备了一箩筐可以在校园外完成的工作，比如修剪压膜页，剪字母，为公告板写一段主题小诗，或者设计公告板版面。父母们可以在开学前或者开学后找时间看看这个箩筐里面的内容，或者他们可以写一张便条直接告诉我他们方便做哪方面的工作，然后我把做那份工作需要的信息资料通过邮件发给他们，或者让孩子带回家给他们就可以了。这个做法帮了我很大的忙，减少了很多工作负担，同时也让学生家长有了参与感。

最理想的就是，在家长中找到一位做事非常有效率又能持之以恒的家长。请这位家长负责安排所有家长们的志愿服务，让他负责在学年中提醒其他家长各项活动的时间。最后，为了万无一失，你还可以在班级网页或者其他家长们容易看到的地方把活动日程公布展示出来，那样每个人都可以提前知道接下来的任务是什么，老师有什么需要以及具体安排。

在学年中多说些“好话”

我最喜欢的一个故事来自一个淘气学生的妈妈。这位母亲总是听到老师告状说自己的孩子在课堂上做些滑稽搞笑（通常是不合时宜的）的动作，但是有一次孩子的数学老师打电话到家里，在电话留言机上留下一段话，让他们全家人，包括孩子自己都不敢相信：

喂，您好，我是史密斯老师。我打电话是因为我刚刚批改完全班的数学试卷。我想告诉你们，当我改完山姆的试卷时很高兴地发现他这次考得很不错。晚些时候我会让山姆把试卷带回家给你们看看。我想让你们知道山姆的勤奋努力取得了很大的成果！明天我会和山姆谈，也会尽快再和你们联系。再一次祝贺山姆取得好成绩！再见！

听到这段留言，孩子会有什么反应？他可能不会让任何人删掉这条留言。每当家里人播放留言机的时候，他都可以听到这段留言。

父母听到这段话会有什么样的反应？他们可能开心无比。然后呢？然后他们会把这件事说给自己的朋友、孩子的其他老师、年级主任，甚至是学校校长听。这样无论这个数学老师走到哪里，他都会听到人们赞扬他给这个孩子的那段电话留言。

当有糟糕的事情发生时，老师们一般都不会忘记给学生家长打电话，但是其实每个人都更愿意听到好消息。学生们尤其如此，特别是那些在学习上做得不是很好或者在行为习惯上经常出状况的学生。如果你已经和学生们建立起了良好的关系，那么你应该注意观察每个学生做得好的地方。你在评语中可以多表扬学生对其他同学或者老师的帮助，赞赏他们为人善良，富有责任心，对他人慷慨大方，准时到校，积极参加活动，甚至还可以说说他们在午休或者午饭时间的良好表现。只要有可能，任何一个哪怕是不经意的善良举动都可以提出来表扬，不要忽略学生任何好的一面，反而要及时给予肯定鼓励。

列一张学生名单，给自己设定一个目标，争取每年至少两次给单子上的学生家长发去表扬学生的信息。记下第一次给家长打电话时说的内容，在下次打电话的时候争取找到其他方面的内容对学生提出表扬。不要给一些学生打很多次电话，而另一些学生却只接到一两次电话。在给学生家里打电话时，次数尽量平均。通过你对他们的话语以及行为的关注，学生会感觉到被鼓励，这样，学生和家长都会感激你所做的一切。

成绩单应该告知家长实情，而不是引发家长恐慌

发放成绩单是为了让家长了解学生在校的学习、品行、参加考试的状态，以及他们的社交能力和课堂表现等方面的情况。所以，老师必须实事求是，但同时也应该注意必要

的措辞。记住这并不是向学生家长告状的机会。我一直有一个习惯，就是让学生家长在所有考试试卷上签字，这样我就不需要就这个方面的问题单独再和家长联系。但是我的评分通常由三部分组成，而且我还会在日历上注明每部分评分的日期。每到评分日，我会查看所有学生的成绩，对于那些低于一定分数的学生，还有那些没有交作业的学生，或者在课堂上特别不专心的学生，我就会单独联系他们的家长。这样家长们对学生的在校情况就能时常有所了解，在期末考试来临前就还有时间帮助学生改进。有时候在和家长谈话后，学生并没有什么改变，但至少我说了该说的，做了能做的，而且还有记录为证。

用现在流行的话来说，家长们有权力知道自己孩子的糟糕表现。有时候那些糟糕的表现其实和家庭情况很有关系。在有那样的怀疑时，我会咨询学校的心理老师或者学校领导。如果只是我个人有那样的感觉，那我会更加注意自己和学生的相处方式，因为那可能是我和那个学生之间的问题。但是如果学生的行为表现继续让我感觉有问题，我就可能会找那个学生谈谈，问问他是不是在什么地方需要我的帮助，或者我也可以联系他的家长，告诉他们我的担心。但如果确定学生家庭没有什么特殊情况，那我可能就会尽可能地对那个孩子友好，给予他关怀，表现出对他的疼爱。但是如果他的表现还是很糟糕，甚至有所恶化，那我就可能准备采取一些相对强制性的方法迫使学生改正。

有的时候找到合适的措辞的确不容易，但是至少我们在指出问题的时候需要表现出一定的尊重。比如我们可以说萨莉（Sally）需要增强对于个人物品所属关系的意识，这就好过于直接说萨莉偷同学和老师的东西！在对一些比较重大的问题写评语时，可以先问问校长的意见。这样对于某个问题应该说什么，为什么这么说，你和你的领导可以取得一致的意见。如果只是对于一般性的问题你不知道如何措辞，就可以向某个信得过的同事咨询。

记得让家长见面会发挥最大功效

一些老师会因为家长会而担心忧虑，而我总是把家长会看作是机会，让老师和家长团结起来——为了孩子而团结起来——的机会。我们所做的一切都是为了孩子，毕竟我们的共同目标就是帮助每个孩子成为有责任心的、有适应能力的、独立的、成功的个体。

家长会是一个向家长展示并说明他们想知道的一切的好机会，比如：

· 作为老师，你真的了解他们的孩子。

· 你会客观友善地评价他们的孩子，在反映孩子的问题时你懂得注意措辞和语气。

· 你不仅知道孩子们需要改进的地方，同时，你也了解他们的长处。

· 你擅长处理细节问题。

· 你关注学生的学业进步，同时你也关注他们在社交情绪方面的成长。

· 你渴望了解学生的整个生活，而不仅仅是他们在学校的情况。

· 对于出现的问题，你能给予合理的建议，或者你知道学生和学生家长可以去哪里寻求帮助，向什么人咨询。

我不明白为什么会有老师在家长会上谈到某个学生可爱的小酒窝。我是更愿意站在学校的角度多谈谈那个学生可以在哪些方面发挥自己的才能，谈谈在哪些相关学科上我期待看到他更大的进步以及我对他的期望。

我还希望从父母口中听到学生在家的表现。无论是在学校还是在家，学生是否具有同样的独立性？在完成家庭作业方面学生是否有困难？他是否有固定的地方可以做家庭作业？是能够独立完成家庭作业，还是需要大人指导？

作为家长会的一个成果，我还会和家长们一起为孩子们设定他们在家的学习目标。这样，通过家长会，老师和家长就可以相互配合，对于孩子一天的学习生活有更全面的了解。

当家长们来参加家长会的时候，我希望他们看到我是一个做事有条理、有能力的老师，这个老师知道东西放在哪里，熟悉各种资料，为会议提前做好了笔记，把孩子交给这样的老师让人放心。为了做到这点，我通常都是从最小的细节开始规划。

·首先，确定家长会的议程。在家长会之前，我会先浏览自上次家长会之后，我对于学生在学习方面的情况记载，标出发现的问题。然后查看关于学生的家庭作业、课堂作业、考试以及小测试的记录，收集各项数据。回忆一下学生在课堂表现、课前准备、到校时间、上课注意力、在校行为等方面的表现，获得更具体的信息。还要想想这个学生在课堂上或者课间与同学相处得如何。把收集到的内容归类整理，让它们更能说明问题。你需要向家长清楚地表述你发现的一些情况。

·在门上贴一张会谈时间表，并注明：如果我超出时间，请敲门提醒我。谢谢!

·为家长会布置好教室。按照家长会召开的流程准备你的笔记，你也可以重新安排桌椅板凳，让整个房间可以容纳更多的家长。准备好纸巾、垃圾箱、书写用品、空余的白纸、方便拿取的纸杯。同时，准备好学生作业以便展示给家长们看。教室要是干净的，这间教室就是你的办公室，你应该希望它看起来是不错的。

·考虑一下按照怎样的顺序向家长展示各种信息。开始的时候可以问问家长们希望了解哪方面的内容。在讨论完他们询问的问题之后，可以回顾一下孩子们在这段时间获得的成绩。一般来说，从好的方面开始说会比较好。详细说明孩子们的长处，可以举些例子来证明你的发现，最后再说可能需要改进的方面。同样，你也需要列举这段时间学生在学业方面的情况来证明你的观点。如果关于上面提到的内容家长有想要和你说的，那就请认真聆听，并且做好必要的笔记。对于那些需要回复的问题，请给出具体的回复时间，这样家长们就清楚什么时候可以收到你的回复。

·请尽量表现得真实：你就是那个教他们的孩子知识的人，那个关心照顾他们的孩子的人，那个毫无保留全力帮助他们的孩子获得成功的人。成为一个好的听众，能够帮助你更好地树立这样的形象。在听家长说话的时候，你可以通过眼神交流表明你的兴趣，你也可以将身体向前微倾或者通过点头来表达你同意他们的观点。微笑或者任何友善的表情都是比较适宜的。如果家长有很多要说的，就让他们说，你只需要留出足够的时间说明你的信息就好了。如果家长谈到的问题比你准备要谈的更为重要，比如涉及学生健康或者关于学生家庭最近发生的某些变故，那么你就需要改变自己之前的计划，认真聆听家长的谈话，如果有必要，还可以调整一下接下来和其他家长会面的时间。

·记住在和家长会面中谈到的内容都是需要保密的。如果在会面期间谈到一些特殊问题，你可以告知家长对于谈话内容你会保密，只有在“需要的时候”才会和一些相关人员提到，比如学校心理老师、校医或者学校领导。

当学生在校园受伤或者多次缺勤时请及时联系学生家长

意外总是会发生的，对此你应该有思想准备。虽然你的学校应该有比较详尽的相关应对政策，但是作为学生的老师，如果你表现出更多的关心，学生家长会更为感激。不管在意外发生时你是否在现场，你都需要打电话告知父母学生的情况，让他们知道你对孩子的关心。如果电话打不通，就请留下短信，晚些时候当家长看到短信时，他们也会感谢你花时间关心他们的孩子。

你打电话不是为了说明意外的具体情况，所以不要展开那样的话题。你打电话只是为了表达你对孩子的关心。他如何了？是否会缺课？返校后，需要注意哪些方面的问题？家长希望老师对孩子有特殊的照顾还是简单关心之后便进入正常的学习？考虑到意外可能造成的影响，有没有什么是需要你特别帮助的？告诉家长如果有任何变化，请他们随时让你知道。

如果家长希望学生在第二天返校，那就不需要对课程有什么特别的调整。否则你可能需要考虑是否调调课。如果学生不得不缺席，那就让一两个孩子制作一张“祝健康”的卡片，全班同学在上面签名。如果可能，你还可以叫一位在美术方面有天赋的同学制作一份小礼物，或者你也可以发一封群邮件。有一次我让一群学生用我的电话给一个缺席的孩子留言，他们发了一段集体的语音留言，后来那位孩子的母亲一直告诉我那段留言大大地激励了她的儿子！

学生家长和学生都会特别感激这些额外的关心，你会因此而意外收获一群家长粉丝，他们会四处广播你的善心。同样有一次，一位老师只是给予某个孩子小小的关心，结果却因此收到了大量的好评，不仅是她自己，她的学生以及学校也都受到赞扬。家长们一个传一个，竞相赞扬她的班级和学校对于学生的关心和照顾。毕竟这才是所有家长希望的——拥有一位如同他们自己那样真正爱护关心孩子的老师。如果你觉得没有家长注意到你所做的，相信我，孩子们一定能感受到老师是否真的关心、在意他们，如果是那样也就已经足够了。

第四章　学生家长策略：支持与陪伴

父母是孩子最好的榜样。他们的一言一行，每个反应，都是一种影响。除了父母，没有任何人或者说任何外在因素能对孩子产生更大的影响了。

——鲍勃·金塞恩(Bob Keeshan)

小孩们就像是一张空白的油画布，等待艺术家在上面涂画，而父母就是在孩子们身上作画的艺术家。但是当一个孩子出生时，没有任何指南和说明告诉父母如何在这个孩子身上作画，听起来让人感觉害怕，对吧？

尽管我们在各种不同的情况中竭尽全力，但还是会有做得不够的地方。我们会受到周围环境的影响，从我们自己的父母，从周遭的社会继承的一些东西也会影响我们，而且说实话，每个人内心多少都会有某种固有的偏见，在教育孩子的时候那种偏见便会流露出来。

但一路上，我们都可以不断地学习。这些学习可能源于某些科学发现，某个研究小组的最新研究成果，以及来自社会的信息，或者某个我们很尊重的人说出来的智慧的话语。将我们自己所希望的和那些最好的信息相结合，进而创作出我们个人的艺术品——我们的孩子。

这一章我们将谈论如何帮助孩子们在困难中学习坚韧，培养他们形成正确的意识形态，在生活中充满正能量，担负起个人责任。而且我相信即便我不说，在培养孩子的时候，父母和老师们一定都知道要教会孩子们成为善良的、友好的、懂得爱与关心的人。以上所说，真心希望我们都能做到。

帮助家长学习如何让学生在意识形态方面有所成长

作为老师，你或许需要帮助家长意识到赞扬不一定总是对学生好；事实上，赞扬是否有好的效果取决于赞扬的内容以及方式。我发现有个孩子总是用错误的方法解数学题，更糟的是他不仅不寻求帮助，甚至还拒绝别人的帮助，而他的父母还在那里称赞他有算术天分。这样的情况总是让我感到难过，甚至是绝望。这个孩子的确擅长算术，但是能够快速学会加法并不意味着就成功掌握了算术的所有技能，更不能在一年级结束后，在我们开始学习两位数减法的时候依然“照搬”之前的学习方法。

《思维模式》(Mindset)一书的作者卡罗尔·德韦克(Carol Dweck)告诉我们，赞扬一个人聪明、有天分，其实会影响这个人对自我的客观评价，减弱他对于完善自我的努力。孩子们或许会将他们在某方面的才能或者智慧等同于全部的自我，很快他们就会害怕尝试新的挑战，因为如果在新的领域挑战失败，那他们在别人眼中可能就不再“与众不同”了。作为父母，更好的做法是赞扬孩子的努力，赞扬他们对于学习的热诚以及持久的恒心。

对于那些在评价和赞扬方面已经形成固有模式的家长，

引导他们接受这个概念恐怕需要一定时间，需要不断重复巩固。老师们需要向家长解释清楚缘由，同时也可以向他们推荐一些研究成果。此外，在谈到他们的孩子时，可以为家长们示范一些合理的赞扬方式，这样对双方都比较容易。

帮助孩子们在意识形态方面的成长，其中比较重要的就是培养他们的意志力以及勤奋学习的能力，这将有助于他们热爱学习并且以完成好学业为骄傲。有了这样的心态，孩子们会更愿意尝试新的挑战，拥有坚韧的个性，充满学习热情，哪怕是以后进入工作岗位，这些品质都会让他们光彩熠熠，对他们的一生都有好处。

帮助父母培养孩子坚韧的个性

“站起身来，拍拍尘土，重新开始。……”这首由多萝西·菲尔兹(Dorothy Fields)作词，杰罗姆·柯恩（Jerome Kern）谱曲的歌已经被传唱多年，它的第一位演唱者是弗雷德·阿斯泰尔（Fred Astaire）和金吉·罗杰斯（Ginger Rogers）。但是这首歌所传达的精神永远都不会过时。它要我们相信人的无限潜能，培养我们对他人以及对自己的信心，它教会我们要关注过程本身，在困难中坚韧不拔，充满勇气。事实上，肯尼思·金斯伯格博士（Kenneth Ginsburg）写过一本书叫作《培养儿童和青少年的坚韧品质》，书里的内容和这首歌想要表达的很类似，博士在书中告诉父母们应该从几个基本方面培养孩子坚韧的品质[①]。

金斯伯格认为，如果孩子们知道你认同他们的能力，会有助于他们建立自信，这一点很重要。根据金斯伯格的观点，学生只有懂得如何为他人付出，他们才可以在更大的团队里与人交好并从中获益，还可以逐渐形成自己的个性。这样的学生才会最终成为自己生活的主人，拥有应对问题的能力，通过成功实现个人目标而获得真正的自信。

在今天的社会，父母们经常将孩子的成就看成是自己的冠冕，所以老师们一定要和父母一起培养孩子们坚韧的个性。最好时常提醒父母们以下几个方面：

· 不要担心孩子会遭遇困难，而要在他们遇到困难时教会他们如何解决问题，这样孩子们才会更有自信，更容易获得个人成就感。

· 家长不要总是陪同孩子学习，甚至陪他们工作；培养孩子独立得越早越好，而且什么时候开始都不嫌晚。

---

①Kenneth Ginsburg, Building Resilience in Children and Teens: Giving Kids Roots and Wings (American Academy of Pediatrics, 2014).

·眼睁睁地看着孩子在困苦中挣扎对于父母来说都是很焦心的，但是如果让孩子现在学会克服困境，将来他就越能处理，甚至避免各种问题。

有一个学生在指导老师的帮助下成功地解决了一个问题，这让她为自己感到非常骄傲，因为她最终靠自己的努力达成了让自己和老师都满意的结果。她也放弃了一些方面，但在她认为重要的方面一直坚持到底，并找到理由成功说服了老师。其他一些学生可能为了回避困难而选择简单一些的路，但这个孩子认为尽管有困难但值得努力一把。她的父母也为她骄傲。他们为孩子留出空间，让女儿自己尝试解决问题，看着她一步一步地越来越自信。我们应该努力培养学生这种坚韧的品性，并鼓励家长们也这样做。

确保家长明白你布置家庭作业的目的

家长们经常担心孩子的家庭作业未能完成或者做得不够好都是因为他们指导得不好。但事实上，对于孩子的家庭作业家长们只需要有一定关注就行。老师们希望，也需要了解家庭作业对于孩子们来说是太难还是太简单；他们想要知道家庭作业的完成情况和考试成绩之间的差距究竟有多大。

告诉家长你并不需要他们帮忙检查孩子的家庭作业是否正确，而只是希望他们确保孩子有做家庭作业的时间以及在家也有良好的学习氛围。如果父母们觉得孩子花了太多时间才能完成家庭作业，就请他们通过留言或者电子邮件的方式及时告知你：

· 孩子在哪里学习？周围环境如何？比如：

学习的地方是安静的，没有其他东西干扰（孩子坐在厨房的桌子旁学习，没有电视，没有电话，只有用于学习的电脑，没有安装任何社交软件）。

学习的地方有干扰（孩子坐在厨房的桌子旁学习，不断地浏览社交网站，看电视节目；电脑上还播放着音乐，其他兄弟姐妹也不停地进出厨房）。

· 学生用于做作业的时间有多长？他们如何通过自己的努力解决问题？比如：

· 他们会打电话给其他同学问问题。

· 他们会使用老师的网页帮忙，如果老师有网页的话，或者他们会使用其他的学习辅导网站。

告诉家长们在鼓励学生学习的同时也要确保他们在学习与休息中保持平衡。家长们应该留意学生放学后的活动；对于孩子来说，分配好时间做家庭作业，与家人交流以及参加各种各样的活动并不容易，当然他们还需要留出休息的时间。另外，关注孩子的个体需要以及能力要靠家长和学校一起努力，而不是相互对立。

有些家长可能认为，如果不检查孩子的家庭作业，不帮助他们订正家庭作业，孩子就可能学得不好，这样的想法可以理解；但请告诉家长们，让学生独立完成家庭作业其实也能表现出家长对于学生学习的支持，而且这才是最好的帮助学生学习成为真正独立的学习者的方法。那些希望合理介入孩子学习的家长可能需要和老师或者学校专门的教育专家谈谈，听听这些专业人士的建议。事实上，如果家长可以冷静客观地认识孩子的学习能力，就是送给孩子的一份礼物了，它可以帮助我们避免对孩子产生不切实际的期望。

强烈建议家长在家为孩子做作业和学习创造一个好的氛围，并帮助他们合理规划时间

理想的状态就是学生在学校掌握好每一样他们需要学习的东西。那样的话，其实就没有必要对课后再做任何要求。这种理想化的状态或许好，但并不现实。所以鼓励家长为学生在家创造一个学习空间并配备好学习所需的一切用品，这样孩子们就可以很顺利地完成家庭作业。也就是

说在同一个地方，孩子们可以取得学习需要的各种用品，这样他们就不需要在学习或者做功课的过程中跑去其他地方找东西。

如果孩子通常都在他自己的地方做功课，比如他的卧室，那他可能需要自己准备好需要的学习用品。然而有的时候，厨房的餐桌或者其他一些公共区域也可能是完成家庭作业的场所。这时如果有一个配备好所有文具的工具箱恐怕会更好。那样的话，做作业所需的用具就可以轻松移动到任何适合于做作业的场所。所需的用具应该包括下面这些：

- 书桌，有合适的照明以及舒服的座椅；
- 挂历（或者其他大一点儿的日历）；
- 书写工具（铅笔、钢笔、荧光笔、地图铅笔）；
- 橡皮擦、涂改液；
- 纸（图标纸、笔记本）；
- 词典/同义词词典（如果没有也可以用电脑）；
- 尺子以及其他数学需要的工具；
- 胶水/胶带；
- 剪刀；
- 夹纸张的夹子；

·订书机、订书针以及起钉器；

·三孔打孔机；

·索引卡以及卡片盒（可以把课堂笔记变成学习卡片）；

·必需的学习设备；

·纸巾；

·垃圾桶；

·计时器（养成每学习 20 分钟就休息 5 分钟的习惯）。

当孩子还在小学低年级时，这个工具箱恐怕还不是很有必要，如果从年龄小的时候就开始培养这样的习惯，当孩子进入中学或者高中之后就更容易适应。

没有必要非和隔壁家的小孩比

大多数孩子都有这样的压力，感觉父母总希望自己成为超级明星。孩子们总能听到父母在谈论约翰网球打得如何好，萨莉如何会下象棋，或者比利的成绩有多棒。而且，孩子们还会听到父母们为自己做一些安排，比如考什么样的大学，拿多少奖学金，或者要努力争取怎样的荣誉。听多了这样的话，孩子们就会想：如果没有实现父母的梦想，他们会不会对我失望呢？

比如有的孩子虽然进入了预选队——而且为了取得更好的机会还参加了一对一的私教——但其实这个孩子在其他方面更有天分。或者也有可能他在各个方面都只是中等水平。如果认为任何孩子只要在很小的时候参加某种技能的培训，在他长大后就能成为这个领域的超级明星，那是不现实的。有的时候家长们需要调整一下他们对孩子的关注点，这方面老师们可以有所帮助。

老师可以为家长示范并经常提醒他们，有时候即便愿望是美好的，但也不应该逼迫孩子成为邻居家的小孩，努力实现一些不适合自己的目标，或者朝着别人而非自己的梦想奋斗。无论孩子拥有怎样的能力，在自己的优势上努力付出就会有所成就。

老师应该提醒父母，孩子的目标应该由孩子自己设定，要鼓励孩子发展自己的特长，在球队中可以做队员、领队，或者展现某种运动精神。一次，有个孩子告诉我他不敢回家，因为害怕父母知道他没有获得最有价值球员奖。他声音里的恐慌我至今都记得，他希望我取消颁奖晚宴。我告诉那个孩子，晚宴不能取消，但是我会很乐意在晚宴上向大家特别说明他获得的杰出球员奖是多么难能可贵。

老师可以通过言语以及行动来提醒父母什么是孩子最

需要学习的。好的课堂氛围加上高标准的品德要求以及坚韧的个性才可以激发学生勇于挑战困难，发挥出好的水平。这些都可以成为示范，鼓励家长在家效仿。

放暑假前，同家长和学生说明你对于假期的期望

每个人都希望有段时间可以从繁忙的学习中解脱出来。来自大脑健康中心的桑德拉·查普曼（Sandra Chapman）博士写过关于“无为状态的力量”[①]的文章，无为状态就是让人的大脑完全安静下来，摆脱所有现代科技，停止所有的工作。和它比较类似的，美国《科学》杂志发表过的一篇文章也谈到让我们的大脑静下来的好处[②]。不管多大年纪，不管放什么假，暑假、寒假、春假都一样，都是假期。但假期并不意味着完全放下课本不学习，也不意味着每个学科都要布置成堆的作业。

---

①Lauren O'Neil, "Make Your Brain Smarter: Increase Your Brain's Creativity, Energy, and Focus by Sandra Bond Chapman with Shelly Kirkland," Learning & the Brain (blog), June 15, 2013, www. learningandthebrain. com/blog.

②Ferris Jabr, "Why Your Brain Needs More Downtime," Scientic American, October 15, 2013, http://www. scienticamerican. com/article/mental-downtime/.

告诉学生和家长，在你自己停止日常工作休息的时候，你知道其他人也需要休息。而同样，因为不想在开学的时候记不起该教的内容，你会在假期读一些书，所以你认为学生也应该如此。

·任何年龄段的孩子都可以参加图书馆的阅读俱乐部或者为自己制订每天的阅读计划。

·复习过去读过的书，写一个剧本由学生和他们的朋友们来表演，或者写一段日志或者日记，这样孩子们既可以练习书法，也可以提高理解能力或者基本的写作技能。

·对于数学的复习需要根据孩子的年龄来决定。小学的学生可能需要做一些实际的数学练习题才能获得益处，而年龄大些的学生，则可以采取不同的方法复习。

·创建一本旅行日记和剪贴簿来记录家庭旅游的内容，这样做可以充分发挥一个孩子的艺术创作能力和写作能力。可以让孩子在阅读一本旅游攻略后帮忙计划行程，这样也可以提高他们的理解、应用以及分析的能力。

·在夏天，无论是在旅行途中或是在家里，搜集并制作一些动植物标本，可以让小小科学家们感到兴奋无比。

·搜集来自不同地方的明信片可以为孩子们提供机会去比较世界不同地区的差异，这样可以培养他们拥有出色的推理能力。

·利用公共图书馆，让对语言感兴趣的孩子有机会学习一门新的语言，或者学习素描，甚至学习像日本折纸一样的传统手艺。

夏天也为学生提供机会弥补自己在学习方面的不足，特别是在进入一个新的年级之前，或者在遇到新的挑战之前。只有当我们有学识之后，才能拥有更多的机会，但是仍然需要记得给孩子放松以及休息的时间。

为学生安排一个寓教于乐的假期，这样的父母一定会让人感激。 老师要让家长和学生都知道你看重他们在学校的辛苦努力，同时也支持他们在假期放松休息。

第五章　老师策略：专业上的成功

成功不是偶然。成功包含辛苦的工作和坚持不懈的努力，它是一种学习探究和付出，更多的，成功是爱你所做，爱你所学。

——贝利（PELÉ）

我曾经梦到过自己和一整个班的学生在一起。说真的，这个梦在我还在小学的时候就开始了；现在回想起来，我其实是渴望与人交流的，希望自己能够给予他人积极的影响。我很想能够有所作为，让世界因我而不同，课堂就是我达成这个目标的一种途径。我爱我的学生，甚至也爱那些比较难相处的学生。我希望自己竭尽全力去教好他们，引导他们，帮助他们拥有终身学习的能力，我更希望他们是正直的，能清楚地认识自己，同时满怀热情地让世界变得更好。

这是我的一个美丽梦想，而且从某种程度上来说，这个梦想从未改变过。是的，它从未改变。就算我一走进教室，面对很多让人失望的事：我曾经做过一年级的老师，而那时我的教室却被安排在和五、六年级的学生同一层楼；当时我还不像那些有经验的老师那么自信，反而被一些老教师夸大其词的糟糕经历吓住；我不了解可以从其他老师那里获得哪些帮助；我也没有注意到有的事情是可以在课堂上完成的，这样可以减少我的日常事务。但是，最终我还是慢慢搞懂了。我向那些有方法的老师学习，他们慷慨地和我分享他们的带班理念，我一边观察一边聆听，为我遇到的每个问题寻找答案。这样才是一个老师应该有的心态。

就像老师们经常告诉学生的，你越是努力地提高自己的技能，就能越快地找到解决方法。那样的感觉好极了！我喜欢看学生在掌握了新技能之后脸上显露出的自豪表情。

我很珍惜这样的感觉，很高兴自己可以帮助每个孩子向着积极的方面改变。也正是从那个时候起，我开始积累一些教学最基本的策略，正是这些策略帮助我获得巨大的改变。更重要的是，我也希望这些策略可以帮助到其他人。

这些策略帮助我减少了课堂上的压力，尽量缩减浪费在琐碎问题上的时间，从而让我可以花更多的时间关注我的学生，那才是我真正需要用心的地方。后来我发现，在那段时间，我在个人专业上也获得了巨大的成长；当学校需要寻找新的校长的时候，他们向家长征询意见："你们希望由谁来领导我们的学校？什么类型的人？"大多数家长都提到我的名字！那个时候，几乎学校的每个人都向着更大的成功迈进，而且，真的，看到每个人都有所成就让我感觉好极了。那感觉就好像我和学生、学生家长以及其他的同事都中了彩票一样。

布置教室，展示学生作品和你的个性

当人们走进你家里，他们可以从你家的布置看出你的个性；你的教室也一样。在展示板上展出学生的习作也可以表现出你的个性。如果你喜欢双关语，就可以用双关语来写展示板的标题，或者你也可以用一些谚语、藏头诗或者一些激励性的标语来做标题。用你熟悉的方式向家长和学生展示你的课外生活——你的宠物、业余爱好或者你的家庭生活——帮助他们了解你的个性。

快乐散播得很快，学生家长发现我喜欢开玩笑。于是，孩子会迫不及待地把自己画的关于权利法案的漫画拿到学校来给我看，并告诉我他画了那个穿无袖上衣、拿猎枪的人。而在前一天，这个孩子的爸爸也在停车场和我聊天，有一刻他的语调和我上课时用的语调几乎一样。我用那样的语调是为了引导学生进入新的一个单元的学习，那时我带上帽子假扮“督察员”，用假音说话。显然，我可笑的表演被学生带回家转告给了家长，然后第二天又从他的父亲那里反馈给我！

让人们了解你是一件有趣又很重要的事情，同样，你希望也有必要了解学生和他们的家人。这是帮助你和学生以及学生家长建立起良好关系的第一步。

按照学校相关规定出勤

我总会感觉惊讶，因为尽管学校有明确规定的出勤时间，但是仍然有些老师选择忽略这些规定，要么晚到，要么早退。这些人看不到自己给学生、给学生家长、给其他同事树立了不好的榜样，让人觉得当老师的好像可以随意选择一些规矩来遵守。当然这些老师也没有意识到这样的行为对他们以后工作的影响。

孩子们就像是海绵一样，他们会从周围的成年人身上吸取学习一些东西。即便是无意识的，学生们也可能模仿老师那样钻空子，然后等着看老师是否注意，是否在意。就像老师们对学校管理者做的一样。好多次，我跟我的孩子们说他们的作业没有按照老师的要求完成，即便他们上的是不同的学校，但他们的回答总是惊人的相似："噢，老师不会介意的。她根本就注意不到。"这种"我无需按要求行事"的态度出现在课堂、午餐食堂、走廊、休息室，以及学校的活动中。老师为人行事的态度一定也会反映在学生的行为习惯上。

同样，学生家长也会注意到老师并未遵守员工守则。这样的行为通常会导致家长对老师缺乏尊重或者不够信任。除此之外，学生家长可能还会用老师这种不够专业的行为来解释为什么他们的孩子行为不当。家长们需要看到一个尽职的老师，这样他们才相信自己的孩子可以被教好。

最后，你的同事也在看着你。如果你晚到或者早退，其实就是在降低你个人的专业水准，减少你对工作的投入以及可以给予别人——不管是学生还是其他同事——的帮助，同时，也会让人感觉你不在意他人的安全和工作量。毕竟，当你迟到的时候，会有不适当的谣言传出，让人觉得孩子们在一个不安全的氛围中学习，或者有其他老师需要顶上你的工作。不管是哪一种情况，这样的行为都会让别人（当然也包括你的校长）思考：是不是应该让这位老师离开学校？

在工作中有任何困难不要隐瞒你的领导

每个人都有特殊情况。

· 孩子生病了，所以你需要上课的时候开着手机等医生的电话。

· 你生病了要请假，需要安排代课老师，但是不要等到早上要上课了才通知你的校长。

· 你的孩子早上有事，所以你可能要晚些时候才能到学校。

任何一个理性的管理者都可以理解以上几种情况，并且都会同意你的请假。但是如果你不够诚实，甚至选择撒谎，耍小动作，或者只说明部分情况，那就会产生问题。一旦被领导识破，他将不会再信任你（纸是包不住火的），而那个时候再去弥补，就可能为时已晚。有一次，我很巧合地发现一位老师对我有所隐瞒，于是我进行了深入调查并证明了我的怀疑。从那之后，我和那位老师的关系，特别是对他的信任再不如以前，这也导致在接下来的几年中，他的工作受到了一些影响。

如果一位校长需要时刻关注某位老师是否在上课，是否迟到、早退，是否遵守学校规章制度，我相信这位校长一定更愿意换一位新老师，至少他还有机会可以培养信任。

耍小聪明，不诚实，即便是善意的谎言都不是长久之计。你应该对你的领导保持坦诚，凡事多商量，这样才能树立起你的专业形象。

不要到处传播闲话

下面这些话听起来熟悉吗？

· “噢，琼斯一家真的很不喜欢布朗老师！在他们和我聊天的时候，总是不停地抱怨她。”

· “派特是约翰老师班上的吗？刚才在走廊我听见她和朋友聊天时，正说着约翰的坏话！”

毫无疑问，这样的闲话时时刻刻都存在。我想问：真的有必要把这样的话传到那位被评论的老师或者领导那里吗？ 我从来没有听到过有什么好的理由支持这样做。 说者或许只是一时的情绪发泄，或许那天那个人恰好心里不顺。又或许说那样话的人本身就是粗鲁的，没有礼貌的。 所以那其实并不是什么大事。

当你听到那样的闲话时，大可告诉说话的人你不喜欢有人在背后说你同事的坏话，然后就不要再对任何人提起了。如果那样的闲话真的让你很不舒服，甚至让你担心那个被评论的人的安全，你可以和你的领导谈谈，告诉他你并没有也不会把这件事情告诉其他人；但你希望他可以关注这件事。然后你还可以做好相关记录，这样在后来有人向你求证这件事的时候你可以给予比较准确的回答。

对于那些爱抱怨的人也可以采取同样的方法。 有一年，我所在的学校情况非常糟糕，老师、领导、家长、学生都在抱怨，所以我准备了一些手环，上面写着“B. D. E 俱乐部™”，意思是“最好的一天俱乐部”。 我让负责停车场的老师将这些手环发给来到学校的每个人，并告诉他们这个手环的意义：“我们希望你拥有最好的一天！”因为这个，一开始有些人叫我奥普拉（奥普拉·温弗瑞，脱口秀的主持人），但是我还是帮助他们停止了抱怨。 直到现在，我都还在给那些和我一起工作的老师、家长、学生送手环，这些手环也可以用来激励那些情绪沮丧的人。我其实就是希望通过发手环这个举动让人知道有人关注他们，在乎他们，希望他们的每一天都过得好。

避免那些伤害人的嘲讽和玩笑

从某种程度来说，老师就是演员。他们希望和学生打成一片，激发学生的兴趣，从而让学生更多地投入学习。然而，有的老师可能因为一些过分的嘲讽或者玩笑引发学生反感。

无论哪个年龄阶段的孩子对于涉及个人尊严方面的问题都会表现得异常敏感。也许外表看不出来，但是他们的内心都是很柔软的，很容易因为他人的言语或者行为而受到伤害。所以，对于老师来说，很有必要保护孩子们免于受到其他学生恶言恶语的攻击，同时也要阻止他们对别人恶言相向。在课堂上不要随意开玩笑或者说一些带有讽刺意味的话。那样的话应该仅限于课堂之外、朋友之间。对学生们开的任何玩笑都不应该有负面的含沙射影。

如果有意外的情况发生，请尽快告知领导

如果出现意外情况，最好由你亲自告诉领导相关细节，

不要让他从别人口中先听到消息。你是在现场的那个人，你可以更准确地说明细节情况并回答相关问题，同样，如果需要的话你也可以决定采取什么措施。再说，如果真有其他人也想参与说明情况，你还可以提前有所准备。

每天在校园中，可能会发生大大小小数不清的事情，有的还比较顺利，有的却糟透了。对于“异常”情况要及时告知领导，无论是发生在校内还是校外。有位老师和我说，她的孩子在另外一所学校念书，遭遇了一场不好的事故，当学生家长和学生想要了解这场意外的时候，校长已经有所准备，可以对相关问题做出合适的回答。同样的，如果是一些好的事情发生了，你也可大力宣扬一番，表扬相关学生。我以前会把这种事张贴在门上，还写上一个大大的标题：“来，看看这位名人！”这个标题可以吸引注意力，让别人知道这是个好消息，并把这个消息传播给这个学生的朋友们，让每个人都能获益！

如果有一个负面的问题需要延迟处理，或者你不确定那是积极的，还是负面的，你仍然需要将它告诉你的领导，这样，不论最后情况如何你都可以获得领导的信任。毕竟，如果你在困难的问题上能坦诚相告，那在其他问题上也一定是诚实的。下面列出的是一些可能出现的问题，但应该并不只有这些：

· 上课期间发生在学生之间、学生和老师之间的一些矛盾，或者学生的违纪问题；

· 有关学生或者学生家人的健康或者安全的问题；

· 某种存在问题的（学生间的，学生和老师间的）关系；

· 有关诚实或者正直方面的问题；

· 一些可能带来负面影响的行为（拖延，上课时忘记带上必要的学习用品，不完成家庭作业，上课睡觉，突然对别人或者自己发脾气，逃课）；

· 滥用药品，饮食紊乱，有关于身体或者情绪、自残等问题；

· 你需要在上课时开着手机（因为某些紧急原因）。

还有一些是好的情况，也并不只有这些：

· 学生获得优秀的成绩或者在讨论学习中的表现突出；

· 学生展现出高水平的思维能力或者成功解决了某个问题；

· 某个学生的不断成长；

· 学生在校外的活动或者比赛中获得优异成绩；

· 学生在社会服务中表现突出或者成绩优异。

对于一个有规划的老师，替代方案是必不可少的

一大早到学校之后，发生的最让人不愉快的事情就是某位同事缺勤了，而她并没有安排好代课老师，所以我不得不打乱自己那个早上的所有计划去帮她找代课老师，确保这天的工作运转正常，不会出现因为老师缺课而学生满校园乱跑的情况。而且我还必须兼顾其他课堂的需求，因为如果他们的课程调整得不合理，这些老师就会因为各种各样的问题不断地跑到我的教室来打断我上课。在这种情况下，如果请假的老师有提前准备好替代方案，会让代课老师和其他同事感激不尽。

准备一个备用文件夹非常重要，在里面放上你对某一天做好的安排。想想从早到晚都需要做些什么，同时也要考虑额外的校园服务（轮班负责停车场、午饭服务或者课间值日等）。每天需要做的事情可能包括如何点名，如何通知办公室学生的点餐，学生进入教室后如何安排，这一天的首要任务是什么，以及在紧急情况下可以用来替补的备用课，所有的这些都应该仔细写清楚。然后再回过头来把你在这一周里每天需要负责的服务整理一遍也放到文件夹里，打印出班级名册、这一周的整体计划、应急程序，以及教师手

册，把所有的这些内容标注清楚然后放进备用文件夹。

确保有人知道你的备用文件夹放在什么地方，他们可以是你的同事、校长，或者办公室主任，同时还要在文件夹外面标注清楚。如果你提前知道自己需要请假，就可以安排一些事项和目前正在教的单元相关的课程。然后用它替换出备用文件夹中的部分内容。有了这样的备用文件夹，任何人都可以从容地走进你的教室，很好地和你的学生交流，上好那天的课。

不要在生气时做决定，你可以打电话或者安排会面来讨论比较困难的议题

家长总是有抱怨，校董事会的人总是很霸道，校长又总是无法理解你的观点、想法。好吧，这就是现实。但如果你不想失去工作，对于那些让自己尴尬甚至是感觉受羞辱的事情，请尽量开诚布公地解决。毕竟你是专业人士。

不论出现何种问题，请安排一个面对面的见面会。不要让那些满是负面情绪的邮件你来我往超过三次或者四次。如果你觉得自己单独见某人不妥，那就把会面安排在有其他人在场的地方，邀请一位领导或者学校的心理老师参加会面。如果是和某位领导会面，那你可以邀请另外一位领导或者人事科的主任参加。提前写下一些你想要说明的重要问题，在会面过程中你也需要做好笔记。

在会面结束时，总结一下讨论的内容以及得出的结论。告诉相关人员，如果有必要的话你可以通过邮件寄发一份会议小结给每个人，但请确保大家意见一致。如果有人有不同意见，也需要在邮件中陈述清楚。保证所有人的意见都被记录下来，并写清楚是谁的意见。

除此之外，你可能还会希望有一个反馈表[①]。

当你……	描述行为、语言或者动作的细节
对于(我自己、我的团队、我的工作任务)的影响……	关注对于工作以及关系的影响。明确一个或者所有受到影响的部分
我感觉……	说出自己真实的感受，而不是某个想法。控制好自己的情绪(不要说“你让我感觉”，没有什么感觉是别人给的)
帮助我理解你看问题的角度/观点/目的	这是真正渴望了解对方的表现。对于听到的内容不要“全盘否定”
我希望从你这里获得……	说出具体的要求。不要不好意思提要求

①Reprinted with permission from Marsha Clark & Associates.

续表

当你……	描述行为、语言或者动作的细节
你是否会尊重我的要求？	目的是要求对方在口头上承诺对你的尊重。要有心理准备，对方可能会否定你的要求或者希望再商量
你需要我做出什么样的保证才会尊重我的要求？	在你问这个问题时要谨慎。不要让对方完全否定你的要求。你需要清楚并坚持自己的底线

这个表格既适用于处理工作上的问题，也可以用于解决个人问题。专业一点儿来说，可以这样轻松地开启对话：“因为你在工作中错过最后期限，影响学校……”同样，也可以这样开始：“当你把我的秘密告诉其他人的时候，我们关系……”事实上，当一个人生气的时候很容易说出让自己后悔的话，所以列出这样一个信息反馈表可以帮助我们在讨论解决问题时谨记尊重对方，并保持适合的礼貌和态度。

第六章　老师策略:个人的成长与幸福感

真正爱自己的人会在生活中营造一种氛围,帮助自己获得滋养,不断成长。

——斯蒂夫·马拉博里(Steve Maraboli)

在我当老师和校长的这些年,度过了好多个彻夜难眠的夜晚,为某个学生担心,为某个家长或者同事担心——除此之外,我也担心我自己的孩子们,担心他们的需求、他们的愿望。但好像从未察觉,如果连自己都照顾不好,我又哪里有能力带给别人想要的以及我认为别人需要的。

我花了很长时间才意识到照顾好自己也是很重要的，那并不是一种自私。就像是坐飞机时乘务人员提醒乘客说：“请先给自己戴好氧气罩，再帮助旁边的人。”毕竟，如果我自己都没有戴好氧气罩，那一定是自身难保，更不用说去帮助其他任何人。

教师这份职业的要求很高，有的时候让我感觉不堪重负，而这样的感觉肯定不只我一个人有。相信每一位老师都有因为工作或者家庭琐事感觉烦扰不安的时候。有一些老师，即便自己的预算比较紧张，也宁愿花钱为一个有需要的学生购置学习用品或者一件暖和的外套，而不会把钱浪费在为自己的孩子添加“多余”的东西上。而另外一些老师则宁愿完全不管第二天的工作安排或者学生的考试成绩，也绝不会错过参加自己孩子的足球比赛或者和朋友们一起的鸡尾酒会。上面任何一种情况都是不好的。

听起来可能有些奇怪，但我们必须学习照顾好自己，才能为那些我们爱的人做得更好，才能把我们的工作或者任何我们热爱的事情做好。老师们，请记住这是很重要的一点。

设定自己的职业目标

你所在的地区应该对于每学年的教学任务有整体规划，但问题是，你有没有自己的职业规划呢？ 你不仅要为每一年设定个人的工作计划，同时也要有一个长期的职业规划，写一份 5 年的职业规划书，列出一个个人发展的大方向。这或许就是现在的你可以给自己最好的礼物，这样一份规划可以帮助你专注于自己真正需要完成的事情。

首先，写下在工作中什么对你是重要的，想想你希望扮演的角色以及你希望自己在同事面前的形象。 写下自己认为重要的内容之后，再围绕你的大目标写一个简短的行动方案。 然后，列出为了达成目标需要采取的行动步骤，还要给自己定下“达成目标”的时间期限。 每年回顾一次你的计划方案，标明哪些已经完成；如果你的工作重点发生了变化，那就需要调整一下规划。

如果有某段时间你发现自己的工作状态不好，也请拿出你的规划书来，看看是你的目标设定有问题，还是学校氛围本身有问题。 另外，制订规划最好是在每学年开始的时候，或者在你考虑换工作的时候。 想想以下问题：

· 我可以继续开心地留在这个学校工作并感觉充实吗？

·需要调整这段时间的工作计划吗？

·我个人的职业规划和学校的价值观以及学校的发展方向一致吗？

·是时候换个工作或者换所学校吗？

根据调研发现新的可能

有两种调研对你尤为重要。一种是由学校要求并组织的调研，另一种是你个人的自我调研。

学校要求的调研

对于校级调研，学校会给出实施细节。假设要制订一笔 100 000 美元的预算……某天或许真有那么大的预算。学校着重调查研究的范围，包括你的书面申请，你对于任教班级的组织管理，以及备课内容的检查。如果被问到为什么要有这项预算，请一定要说出某个具体的原因：希望达成学校或者当地辖区以内老师设定的目标；你最近参与某个课程、在职学习或者研讨会之后受到的激励；或者是你受到某位学术专家以及他的相关学术理论的启发，如马斯洛（Maslow）、布鲁姆（Bloom）、加德纳（Gardner）、蒙台梭利（Montessori），或者其他人，只要你感觉他们的学术很适合你的教学环境或者能为你带来“灵感”。

之后，你会收到一份关于你的计划的评估总结报告。请仔细读报告的内容，如果有问题，可以咨询。你可以针对调研结果写一份书面的回复，并要求将这份回复连同报告一起放到你的档案里。这样，以后你也可以了解在那段时期自己有什么样的想法，明白你为什么做了某些事或者知道哪些特殊的情况对评估产生了负面影响。

除此之外，还有一个好方法就是给你的上级写邮件，这样你对于调研结果的回复也可以留下书面记录。请一定写清楚:“望告知以上是否就是我需要注意并且改善的方面。”如果领导有不同意见，他可以进一步说明，那么你就可以更清楚他的观点是什么。如果领导认为你的总结是正确的，那就不需要再额外补充了……直接向着这个目标努力就行了。这样的交流也为你留下书面记录。

自我调研

自我调研如果做得好，并且认真看待调研结果，那么它将成为你职业生涯中最具价值的部分。仔细观察你所在的地区或者学校，哪些老师在教学风格、班级管理、课堂组织的技巧受到学生推崇（不仅仅是喜欢），与学生、家长有效沟通等方面拥有较高声誉呢？ 你自己可以列出这样一张名单，或者你需要找校长要一份这样的名单。 而且你完全可以直接告诉校长为什么你需要这样一份名单。

我感觉自己在很多方面做得还不错，但在一些方面我希望还能有所提高。我认为我可以更好地利用身边的资源。所以能否请您给我推荐一两个优秀的老师，这样我可以在专业方面多多向他们请教。

你或许才到这所学校，你或许才开始当老师。 但你为什么会提出这样的要求并不重要，你的校长只会因为你在自己的专业方面期望精益求精而高兴。

然后你就可以和校长推荐的老师接触，问问他们是否愿意告诉你如何让课堂有趣生动。 如果让你深受启发的某些方法与学生的互动相关，你还可以要求观摩他们的课堂。如果那个方法是有关于如何与家长沟通的，那么你可以请求许可参加这个老师班上的家长会或者在老师和家长电话交流的时候旁听。 请向那位老师以及校长保证你对于听到的内容是可以保密的，任何关于学生以及学生家庭的谈话内容你都不会向另外的人提起。 如果那些方法与工作安排有关，你就可以找个时间去那位老师的办公室，从头到尾看看他是如何安排工作的。

或者你也可以请那些老师观摩你的课堂，询问他们关于你的课堂的意见。你是否正确运用了他们与你分享的方法？你的课在哪些方面比较成功，效果比较好？告诉那些老师你会不断思考他们的建议，最后还要记得写一封感谢信。好的自我调研可以帮助你更快获得成功。

重视校外专家和他们的建议

你努力与学生建立起良好的关系，关注他们在学业、社交以及情感方面的需求。有的时候其他一些在某方面受过专业培训的人可以为你提供更宽的视野，帮助你的课堂得到更好的改善。你完全可以好好利用这样的机会组成团队一起工作，这样可以发挥每个人的长处，给予某个有特别需求的孩子最好的帮助。

如果有专家建议你在教室应该如何与孩子相处，那就尽量采纳他的建议并向他表达感谢。有的时候专家的意见可能有很多，不可能一次性全部实践使用，那你就选择那些你感觉获益最大的建议，一次尝试使用一部分建议。发现哪些适用，就继续用，反之则放弃，把有用的那几条建议添加到你已经有的方法清单上。每次在需要新办法的时候，都可以这样做。

如果有一些关于评估学生的问题或者建议不明白，可以咨询学校的专家、心理老师或者校长。如果大家都不是很清楚，在征得学生家长的同意后可以让学校的心理老师、教学专家或者校长参与和评估专家的交流。这样可以确保你和学校真正了解学生的需求并提供合适的帮助。然后一定不要忘记分析评估结果，记笔记或者提醒自己标注哪些内容需要保密。一些人选择用不同的颜色来标注。

如果有学生家长要求你填写学生评估表，请在告知你的校长后诚实地填写，用语尽可能规范得体。你写的内容会通过老师和学校交给评估专家，然后很可能又会由评估专家反馈给学生家长。

学习先进的组织管理方法，为学生提供最好的机会

如果除了教育学院之外，任何专业学院都可以提供无限制的学习机会的话那就太好了。其实在今天这个科技时代，每个人都可以通过低成本的远程学习机会跟上最新的科技革新。

首先要把握所在地区的国家机构提供的学习机会。然后通过社交媒体学习，还可以阅读最新的书籍以及一些主流报纸的教育专栏，也可以参考那些虽然不属于教育的领域但

和教育相关的信息，比如某些社会服务或者社会科技。想象一下其他还有什么可以提供帮助，或者在不久的将来什么样的传播媒介又将成为前沿科技。只有想不到，没有做不到。

那些前沿科技在广泛运用之前通常都会组织项目试点来测试自己的理论。有个机构旨在帮助学生认识人的大脑构成以及保持最佳意志力，他们在我的学校就设有一个试点项目，为老师们免费提供提升专业能力的学习机会，学校的部分老师通过电脑参与了这个项目的远程学习。首先，参与的老师需要观看一段信息解说，然后向某个网络社区反馈个人感受和意见。有的时候老师们被要求在备课阶段参与学习，有的时候我组织大家集体观看录像。像其他各种专业培训一样，有许多老师因为不能坚持观看录像并反馈信息而不能从这个项目中获得充分的益处。但是这样的项目以及专业培训，对于学校是很好的机会，以便了解哪些员工是比较积极向上的。

时刻准备好一份愿望清单

有多少次当你在准备一个活动时，会停下来想："如果我（……），一定能让这个活动更好！"那好，现在就把那样的愿望写下来吧，就算你并不知道什么时候可以实现。

按照价格把你的愿望清单分类。然后，当某人问你需要什么帮助或者校长说学校获得额外资助的时候，你就可以说出那些愿望。在我教书的学校，就是通过这种方法让家长协会帮我承办了送给十间教室的礼物，另外还有一位家长购置了一套有教育意义的录像带供全校学生使用，还有三个学生家庭为学校的体育活动捐赠了一年的经费，甚至还资助了我们的乐队。

如果有人说他希望在某个特定的价格范围内捐款，那就告诉他在那个价格范围内你需要的东西，同时也可以告诉他你的其他所需。诚实地告诉他："我这样做只是以防万一，如果你知道有其他愿意捐助的人……"信息是可以相互传递的，或许在你提出来之前，已经有人打算资助你的课堂和你的项目。就算没有人捐助，你也不会损失什么，愿望清单只是为"万一"做准备。

相信你的直觉，聆听内心那个细小的声音

有多少次你听到来自内心的一个声音，却将它随手挥去？你对自己说我一定是疯了。到底在想些什么？好吧，你其实没有疯，一点儿都没有。那或许是你的内心在对你说话，而你需要静心聆听。

我自己就不止一次听到那个细小的声音。有某个领导让我感觉很不舒服的时候，就会听到那个声音对我说暂时离开一下吧。一次一个孩子对我说："我就是不喜欢阅读。"那时我也听到心中有个声音告诉我进一步观察一下那个孩子吧，仔细分析后再评估他的学习状态。

老师们都会听到很多内在的声音。在我认识的老师中，有一位比其他任何人都能更好地指出学生的问题所在，他甚至可以发现需要配新眼镜这样的小问题。有一次，当学生家长和其他老师都在质疑学生表现的时候，这位老师却建议学生去看眼科医生，说他需要配一副新眼镜，结果就像以前很多次情况一样，那正是问题的源头。我还认识一位老师，他可以非常准确地指出学生品行上的问题。

要了解学生，你可以寻求他们以前的老师或者教学专家的帮助。弄清楚到底是什么让你觉得不对。看看学生的考试成绩、家庭作业以及课堂反馈，看看你是不是能发现某种规律。如果是一个成年人让你不舒服，那就注意在观察的同时与他保持距离。你不希望错过一些重要的东西，但也不需要在让你不舒服的人身上浪费时间。

的确，那个细小的声音也不总是正确的，可是你还是需要仔细聆听再做出反应。即使那个声音只是让你看得更深一点儿，调查得更多一些，相信直觉总归是好的。

保持生活和工作的平衡

工作是重要的，同样家庭生活也很重要，你自己更重要。所以为了满足生活各方面的需求，你必须保持生活与工作的平衡。那些失去平衡的人，往往是不懂得好好照顾自己的人，他们很容易因为压力而选择辞职。另外一些即便选择留下来，通常也只是在那里混时间，并没有真正努力工作，更不用说为改变他人的生活起到什么积极的影响。

2000 年的一份调查研究发现，选择教师职业作为第一份工作的人，四年后有四分之一的人选择了辞职[①]，而 2001 年的另外一份报告显示，教师的平均职业年龄只有十一年[②]。我经常遇到一些感觉压力过度的老师，那些压力可能来自学生家庭，也可能来源于学校，他们经常说缺乏工作满足感，抱怨没有遇到优秀的学生，或者和学生、同事的关系不融

---

①A. D. Benner, The Cost of Teacher Turnover (Austin: Texas Center for Educational Research, 2000).

②C. E. Stephens, Report to the Governor on Teacher Retention and Turnover, Standards Commission (Athens, Georgia: State of Georgia, 2000), 17.

洽，课堂管理低效。

然而，那些在生活与工作之间可以保持平衡的老师好像在处理教学工作时遇到的困难要少很多。工作与生活的平衡帮助他们清楚知道，不论在工作上还是在个人生活上有很多事情是自己不情愿做的，而那些自己真正想做的事情则需要争取时间去做……所以在完成要求的工作与计划之外，你需要给自己留有足够的时间。

想想在你一天的工作中有哪些是必须完成的责任，要知道你不能靠自己完成所有的事。如果你不知道如何为“自我”留出时间，选择一位值得信赖的校长或者同事，和他们一起讨论是否需要一位导师在安排工作时为你提供帮助。

有一种方法可以帮助你安排，那就是把每件事情都写下来。

· 制作两张表格，一张为家务，一张为工作。在每张表格内把你要做的事情分为三类：

我有责任完成的	被要求必须完成的	可以放弃不做的

·想想第一栏中的事情是不是可以和工作伙伴或者家庭成员分担。在家里，这些事情可能包括洗衣服、收拾整理或者清理餐桌。在学校可能包括小组科学课程，写便条给那些关心学生成绩的家长，或者每个月更换一次公告栏。准备好和相关的人谈谈，向他们解释为什么你希望和他们调换工作，以及你需要他们帮助你分担哪些责任。同时如果有需要，对于接替你工作的人要做好基本的培训。如果你们意见不统一，请安排时间和校长谈谈，希望校长可以帮助解决矛盾。

·确定每天、每周、每个月需要做的工作是哪些。在日历上标明你需要负责的日子，而其他的就放手让其他人负责。

·规划你的每日行程。除去已经被固定占用的时间，比如上课或者工作的时间。确保你的日程安排比较合理，可以长期坚持。必要的时候就进行修改，直到日程安排能很好地适应你的个人情况。

还有一些特殊情况需要考虑，比如某位同事因为校外公务请假，你就需要额外腾出时间和精力顶替他的工作。某个特别的生日、婚礼或者婴儿的诞生都可能需要你临时的帮助，同样还有家人去世或者生病的情况。除去这些特殊情况之外，你每天都需要留给自己一些时间。无论是锻炼、玩游戏、读书，还是听音乐，哪怕就是一段安静的时间，每个人每天都应该有属于个人的时间。

在每天的生活中安排一个安静冥想的时间

在我当校长快 14 年的时候，终于到达一个情绪的低谷。在最后 4 年里，我送别了双亲，又为两个孩子筹备婚礼，忙得晕头转向，终于迷失了自己。于是我开始寻找一些东西，任何能让我感觉幸福的东西，也就是在那个时候我开始练习冥想。我参加了一些课程，发现自己在心智、情绪、身体健康以及精神承受力等方面都有了很大的改善，从此我便保持每天都做那样的练习。另外，我也意识到如果这样的练习可以帮助我，那它也一定会帮助到我的同事和学生。

你也可以在日常生活中练习冥想，它很简单，也有科学的道理。这个练习以一种特别的方式帮助你集中注意力，关注自己的思想与感受，看看这些思想以及感受对于你的身体和情感有怎样的影响。在做这样的练习时，你关注的始终是现在，不去纠结过去，也不要担忧未来，冥想可以帮助你不再评判生活中所谓的不公平。冥想练习已经被证明可以提高人的关注度、注意力，增加人的同情心，改善人与人之间的关系。它同时也被证明可以帮助减少压力、焦虑、沮丧、负面想法以及情绪化的反应等。

每天花一点儿时间，哪怕只有5分钟，来练习呼吸或者聆听，会给你生活的各个方面带去积极的作用和影响。在做冥想练习的时候，什么样的姿势都可以，你只需要找到一个安静不受打扰的地方。

对于呼吸的练习，你可以闭上双眼，先做深呼吸。然后正常呼吸，数数吸气与呼气的次数。当你发现自己数到某个数字但又不记得怎么数到这个数字的时候，就回头从一再开始数。你会发现自己经常走神——思绪总是会游走的——这正是为什么需要训练大脑集中注意力的原因，就好像你训练小狗一样。冥想练习不是要清除掉所有的思绪，只是训练大脑在一段时间内暂时放下所有的想法。之后你会找到合适的时间重新考虑那些问题，给予它们适当的关注。这样做可以帮助你练习一次只集中关注一个问题，减少在负面的想法或者矛盾上浪费时间。

对于聆听的练习，你只需要在脑海里简单列出听到的不同声音即可。睁开眼或者闭上眼都可以，那取决于你个人感觉哪种方式更好（也就是哪种方式更少让你分心），然后就仔细倾听……列出听到的声音。如果你听到谈话或者音乐，不要去注意它的内容，只照实列出听到的每种声音，即便有的声音可能会重复出现。你的列表可能类似于这种：说话的声音……咳嗽的声音……翻动纸张的声音……空调运转的声音……说话的声音……关门的声音……脚步声……

当你开始练习呼吸或者聆听后，你的内心就不再会狂躁不安。如果你每天或者当你感觉自己的压力上升到一定程度时，花 5 分钟做这样的练习，你会发现，无论是自己还是其他人，都更容易放松，这个方法可以帮助摆脱那些扰乱你思绪的负面想法。

学会评估什么时候需要换个环境

这是一个需要做出重要决定的时候。有时你在某个学校工作了很长时间，以至于那个地方成了你生活的一部分。你爱那里的家庭、学生以及你的同事。这些人是你的朋友，在困难的时候支持过你，你不能想象没有他们你的生活会是怎样的。对我自己而言，在过去 20 年，我的生活中出现过很多这样的人，所以当我考虑离开的时候，始终缺乏勇气。只要我开始有想法要调到另一所学校，做新的工作，就会找到好多理由说服自己应该留在这个学校，说服自己目前这个职位就是最合适的。

然而你还是必须勇敢地问自己下面这些尖锐的问题：

· 这个学校的工作符合你的个人目标以及职业追求吗？

· 你渴望被给予机会继续担任目前的职位吗？ 这所学校是不是还有其他职位可以供你考虑呢？ 或者你真正想要的职位是不是只有在其他地方才能找到呢？

· 你可以找人帮助你厘清自己真正期望的目标是什么，帮助你评估目前学校是否可以满足你的需要。

· 继续在这里工作是否需要牺牲个人的某些准则呢？

如果继续在这里工作无需牺牲你的某些价值准则，那么你大可以考虑留下。 但是如果继续这份工作有违你的某些价值观，甚至让你不开心，或许就需要考虑换个环境。 对于我自己，就曾经有过这样的情况。 我热爱那所学校，却不能继续在那里待下去，我只能说那时我失去了自我调节的能力，无法感受工作带来的成功与幸福。 在接下来的几年中，我继续做着其他一些和学生相关的工作，一定程度上得以恢复，还改善提升了一些基本的工作方法。 当我重新找回自己，找回幸福感的时候，我也终于找到一个——无论是身体上、情感上或者心理上——更适合自己的地方。

我终于可以更清楚地看到我想要去哪里，以及我生活的新目标是什么。 对于我以及我的家人，那其实是一份挑战，但我想说那值得去做。

后记

那些疯狂的想要改变世界的人，最后真的让世界改变了。

——史蒂夫·乔布斯(Steve Jobs)

我是一个很幸运的人。在学校教书的工作让我感觉幸福又能实现自我价值。很多年来，我和学校的学生、同事生活得就像一个大家庭。首先，作为老师也作为校长，我经常感觉被大家爱护着；全校一起庆祝我的成功，帮助我克服困难，在我痛苦时给予我安慰。当我和第一任丈夫分开时，大家都来鼓励我；在我失去两个叔叔、阿姨，特别是在我父母离世时，大家都来慰问我。同时大家也为我再次找到爱情而开心，并一同祝贺我两个孩子的婚礼以及我孙儿的诞生，还和我一同期盼另一个孙女的到来。

在所有我工作过的学校，无论是最后一所还是先前的几所，无论是公立学校还是私立学校，我都很有幸从各位同仁那里学到了很多。我珍惜他们给予我的各种建议，这些建议，或者某次与大家一起的发散思维丰富了我的日常生活，也因此改善了学生的生活。我经常在想，那些那么小的改变如何就能带来这么巨大的不同呢？后来我终于明白想法大小不重要，正所谓积跬步也能至千里。

我做出的每一次改变都会给另外一个人带来影响，无论是我的学生、同事，还是我的家人。我让自己成了一个不断学习、不断进步的榜样，难道这不正是一个老师应当做的吗——和周围的人一起不断地提高自我，践行正直诚实的品行，同时充满对他人的关怀。

所以我也邀请你们迎接这个挑战：从现在开始，直至以后，不断为他人的生活带去积极的影响。从老师或者学校的角度给予孩子们最好的，为你遇到的每一个人提供学习的机会，成为一个有丰富经验的教育者。是的，你做的是一份工作，但是那同时也是一项让生命充满神奇的事业!

记住在你初为人师时希望帮助学生不断自我实现的梦想。记住每一次当一个孩子，包括他的整个家庭因为你的积极影响而获得改变时，那种梦想成真的感受。你可以不断获得那样的感受！把你的想法同你的同事们分享，同时也借鉴他们的点子。最后你也可以写出一本属于你自己的书。

但是你可能还没有时间写书，因为当你开心地投入教育的工作时，可能完全不想停下来去做别的什么事情。

致谢

非常感谢那些帮助我找到并实现梦想的人们：

· 肖恩（Shawn）、考特尼（Courtney）以及德里克（Derek）——尽管你们可能并不觉得，但是有很多次，你们用不同的方法挽救了我的职业生涯。你们是我前进的动力。失败的确可以帮助人成长，但我认为，没有你们我只会深陷失败的泥潭无法自拔。

· 露丝（Ruth）、弗雷德（Fred）、玛丽安（Marian）、温德（Wende）以及雪莉（Shirley）——感谢你们帮助我在危急时刻保持头脑清醒，平安度过。你们一定是老师中的天使。

· 每一位校长都需要有“同仁”的支持。我在对学校的未来产生困惑的时候，史蒂夫（Steve），是你的知识、直觉，你那具有战略性的思维以及高尚的职业操守帮助我突破困境。我将永远感谢你的支持。

· 埃利斯（Ellis），我爱你，爱你为我的生活带来的一切。今生我很高兴有克里斯蒂（Christy）、迈克（Mike）、埃里卡（Erika）、劳伦（Lauren）以及特伦特（Trent）的陪伴。埃利斯，来世我们还要在一起，并且拥有属于我们两个人的孩子。

· 感谢我们的家庭还在不断壮大，欢迎丽萨（Lisa）、里德（Reid）、德鲁（Drew）、威尔（Will）、斯特拉（Stella）、埃米（Emmie）、格雷斯（Grace）和科拉（Cora）的加入——我爱你们，永远爱你们。你们是上天带给我的祝福。

· 还要特别感谢我的同事、学生家长以及学生，感谢你们在我的教学工作中向我敞开心扉，对我袒露心声。你们改变了我的生活，让我的每一天过得既充实又有意义。

参考文献

Benner, A. D. The Cost of Teacher Turnover. Austin: Texas Center for Educational Research, 2000.

Bridgeland, J., M. Bruce, and A. Hariharan. The Missing Piece: A National Teacher Survey on How Social and Emotional Learning Can Empower Children and Transform Schools. Civic Enterprises, Peter D. Hart Research Associates, and Collaborative for Academic, Social, and Emotional Learning, 2013. http://www.casel.org/library/

the-missing-piece.

Ginsburg, Kenneth. Building Resilience in Children and Teens: Giving Kids Roots and Wings. American Academy of Pediatrics, 2014.

Jabr, Ferris. "Why Your Brain Needs More Downtime." Scientific American, October 15, 2013. Accessed October 9, 2015. www. scientificamerican. com/article/mental-downtime/.

McCormick, Meghan P., and Erin E. O' Connor. "Teacher-Child Relationship Quality and Academic Achievement in Elementary School: Does Gender Matter?" Journal of Educational Psychology 107, no. 2 (2015): 502 - 16.

Moses, Monica. "Readers Consume What They See." Poynter, August 17, 2002. http://www. poynter. org/uncategorized/ 1875/readers-consume-what-they-see/.

O' Neil, Lauren. "Make Your Brain Smarter: Increase Your Brain's Creativity, Energy and Focus by Sandra Bond Chapman with Shelly Kirkland." Learning & the Brain (blog), June 15, 2013. www. learningandthebrain.

com/blog.

Rath, Tom, and Jim Harter. Wellbeing: The Five Essential Elements. Washington, DC: Gallup Press, 2010.

Rimm-Kaufman, Sara, and Lia Sandilos. "Improving Students' Relationships with Teachers to Provide Essential Supports for Learning." American Psychological Association. http:// www. apa. org/education/k12/relationships. aspx.

"Statistics on Voice, Speech, and Language." National Institute on Deafness and Other Communication Disorders. Last modified June 7, 2010. http://www. nidcd. nih. gov/health/ statistics/pages/vsl. aspx#3.

Stephens, C. E. Report to the Governor on Teacher Retention and Turnover. Standards Commission. Athens, Georgia: State of Georgia, 2000.

Zur, O. Teen Violence, School Shootings, Cyberbullying, Internet Addiction, T. V. and Gaming Violence & Teen Suicide: Facts, Ideas, And Actions. Zur Institute, 2015. Accessed August 4, 2015. http://zurinstitute. com/teenviolence. html.